Quand on élimine Dieu de l'événement

BARKA KAMNADJ

Quand on élimine Dieu de l'événement

de l'événement

BARKA KAMNADJ

© BARKA KAMNADJ
Publié en 2019 par LIVRESHIPPO

• Centre de Publications évangéliques, 08 B.P. 900 Abidjan 08, Côte d'Ivoire
• Presses Bibliques Africaines, 03 B.P. 345 Cotonou, Bénin
• Éditions Clé, B.P. 1501 Yaoundé, Cameroun
• Excelsis Diffusions 385, Chemin du Clos, 26450 Chanois, France
• Conseil des institutions théologiques d'Afrique francophone, B.P.684, Abidjan 25, Côte d'Ivoire

Sauf indication contraire expresse, les citations sont tirées de la nouvelle version de la Bible Segond révisée dite à la Colombe. Copyright 1978, Société Biblique Française.

British Library Cataloguing in Publication Data
A catalogue record for this book is available from the British Library

Couverture : projectluz.com
Composition : CPE

1re édition - 1re impression
Dépôt légal : N° 10753 du 16/10/2018
Bibliothèque nationale du Bénin, 4ème trimestre
ISBN : 978-9-9919-7918-2

Table des matières

DÉDICACE

À vous pour qui tout commence par l'événement et pour qui l'événement devient un refuge[1].

---

[1] L'idée est empruntée au réalisateur ivoirien Désiré Écaré, d'après son film « Visages de femmes », Festival Panafricain du Cinéma de Ouagadougou, FESPACO, Burkina Faso, 1987.

REMERCIEMENTS

À vous qui avez apporté votre précieuse contribution à la réalisation de ce document, je dis toute ma joie et toute ma reconnaissance ; je m'en vais nommer le Dr Abel Ngarsouledé, le pasteur Josué Ramane Bimba, le Dr Mardochée Nadoumngar, le Dr Solomon Andriatsimialomananarivo, M. Stéphane Bilé et Mme Claire Moore.

PRÉFACE

J e considère comme un honneur et un privilège, l'opportunité qui m'est offerte d'écrire la préface de cet ouvrage. Je le fais avec joie, surtout pour témoigner du pasteur Barka Kamnadj, un ami et frère en Christ, qui se distingue par son amour et son dévouement pour l'œuvre du Roi des rois et Seigneur des seigneurs, Jésus-Christ.

Alors qu'il exerçait sa profession d'enseignant à Ouagadougou (Burkina Faso), il priorisa le poids de l'appel qui lui a été adressé par le Seigneur, abandonna sa fonction en 1993 pour servir comme Consultant des Groupes Bibliques Universitaires d'Afrique Francophone (GBUAF). Cette nouvelle fonction devait le conduire à servir dans plusieurs pays, notamment en Guinée Conakry, puis au Niger, au Burkina Faso et enfin au Tchad, son pays. C'est là qu'il anime le Département National de Formation (DNF) de l'Union des Jeunes Chrétiens (UJC), précisément à N'Djamena, la capitale, de même qu'il est établi en 2013, ancien en charge de l'Assemblée Chrétienne, Avenue Mobutu (ACAM), devenue Assemblée Chrétienne Alliance Missionnaire (ACAM).

Aujourd'hui, l'Église de Jésus-Christ fait face à des pratiques et des déclarations qui sèment la confusion dans les esprits, et qui ne glorifient pas notre Dieu. À la surprise générale, les chrétiens ne cherchent pas à savoir quelle en est l'origine, mais par une imitation aveugle, ils se retrouvent dans la danse, déshonorant ainsi notre Seigneur.

Dans cet ouvrage, Barka Kamnadj, avec un œil critique, propose une réflexion sur quelques sujets d'actualité, comme certaines fêtes juives et/ou chrétiennes que l'on célèbre à tort ou à raison, et certaines pratiques que l'on exagère ou que l'on ignore. Ensuite, par une méthode analytique, il expose l'origine de ces fêtes et pratiques, leur développement au cours de l'histoire, dans la société et dans l'Église aujourd'hui. Enfin, il propose, en s'appuyant sur les textes bibliques, une manière de faire qui peut édifier les gens et glorifier notre Dieu.

Je salue la clarté de cet ouvrage et souhaite que l'Église africaine d'aujourd'hui s'inspire de ses conseils pour corriger les erreurs du passé, et pour influencer les chrétiens à vivre et pratiquer leur foi dans les normes qui glorifient le nom de notre Dieu. Du reste, pour votre information et pour votre édification, mais aussi pour être équipé en vue d'informer et d'édifier les autres, je vous recommande vivement la lecture de cet ouvrage.

Que Dieu vous bénisse !

Dr Mardochée Nadoumngar
Ancien Directeur,
École Supérieure de Théologie Évangélique *Shalom* (ESTES),
devenue Faculté de Théologie Évangélique
Shalom (FATES) N'Djamena, Tchad

INTRODUCTION

*D*epuis la chute de l'espèce humaine dans le Jardin d'Éden, on tente délibérément de ranger le Créateur dans un placard, de l'évacuer de son univers ou de son imaginaire. On en arrive parfois à dire que Dieu est mort. En réalité, on joue tout simplement à cache-cache avec Dieu, comme certains premiers missionnaires sur le continent noir. En jouant le jeu du colonisateur, ils se sont servis de la Parole de Dieu : *Bienheureux les pauvres en esprit, car c'est à eux qu'est le royaume des cieux* (Mt 5.3)[1], qu'ils ont sortie de son contexte et en ont fait un prétexte. De la sorte, ils ont conditionné et disposé les peuples d'Afrique subsaharienne au joug colonial et à la pauvreté, sous le couvert d'une prétendue possession du royaume des cieux. Malgré la lourde responsabilité historique que la mission transculturelle en porte, l'Évangile de Jésus-Christ a tout de même été prêché et le règne de Dieu s'est manifesté dans des cœurs et dans des vies.

Mais cherchez premièrement le royaume de Dieu et sa justice, et toutes ces choses vous seront données par-dessus (Mt 6.33). Dans sa vision panafricaniste et dans son rêve des États-Unis d'Afrique, celui qu'on appelait le père du Ghana indépendant, le Dr Kwame Nkrumah[2], alors président de la République, disait dans son adresse à ses pairs : « Cherchez premièrement le royaume politique… » On comprend pourquoi de l'Organisation de l'Unité Africaine (OUA) à l'Union Africaine (UA), malgré de nombreux acquis significatifs que l'on ne peut occulter, l'unité africaine continue de relever de l'utopie. Vue sous cet angle, *l'Afrique noire est mal partie* !

À travers les pages qui suivent, il est proposé quelque réflexion sur un certain nombre de sujets d'actualité, de manière à attirer l'attention et à susciter une remise en question qui pousse à l'action.

---

[1] Darby.
[2] *Cf.* Africa Report, N° 50, 2013, Cité par NDJERAREOU Abel, « Apport de la formation théologique à la situation d'un monde en pleine mutation », dans *Revisiter la théologie en Afrique francophone*, Abidjan, CITAF, 2016, p. 135.

Chapitre I

CES FÊTES QUE L'ON DÉCLASSIFIE À TORT OU À RAISON

Dans l'Ancien Testament, de nombreuses fêtes sont prescrites par Dieu aux Israélites. On en distingue essentiellement quatre : le sabbat, qui est une fête hebdomadaire, les fêtes de Pâque, de Pentecôte et des Récoltes, qui sont des fêtes annuelles. De nos jours, on célèbre ces fêtes tantôt d'une manière, tantôt d'une autre. La première et la plus ancienne de ces solennités, c'est le sabbat.

1. Le sabbat

Dieu vit alors tout ce qu'il avait fait, et voici : c'était très bon. Il y eut un soir et il y eut un matin : ce fut un sixième jour... Le septième jour toute l'œuvre que Dieu avait faite était achevée et il se reposa au septième jour de toute l'œuvre qu'il avait faite. Dieu bénit le septième jour et le sanctifia, car en ce jour Dieu s'était reposé de toute l'œuvre qu'il avait créée. (Gn 1.31-2.3)

Ce passage de la Genèse nous indique que le Créateur lui-même institua le sabbat et l'inaugura personnellement. Il donna alors l'exemple de repos bien mérité à sa créature et lui intima l'ordre de l'observer scrupuleusement :

Souviens-toi du jour du sabbat, pour le sanctifier. Tu travailleras six jours, et tu feras tout ton ouvrage. Mais le septième jour est le sabbat de l'Éternel, ton Dieu : tu ne feras aucun ouvrage, ni toi, ni ton fils, ni ta fille, ni ton serviteur, ni ta servante, ni ton bétail, ni l'étranger qui réside chez toi. Car en six jours l'Éternel a fait le ciel, la terre, la mer

et tout ce qui s'y trouve, et il s'est reposé le septième jour : c'est pourquoi
l'Éternel a béni le jour du sabbat et l'a sanctifié. (Ex 20.8-11)

D'après le calendrier juif, le décompte des jours de la semaine commence
le dimanche, alors le septième jour tombe le samedi, or le calendrier grégorien
retient plutôt le dimanche comme le septième jour. Le samedi étant le dernier
jour de la semaine, il était considéré comme le jour du sabbat désigné dans
la loi. Il est bon de préciser que le mot sabbat ne signifie pas « samedi » mais
repos. C'était pour Israël un jour de repos dans le travail. Le dimanche a aussi
un caractère particulier pour les croyants : premier jour de la semaine, c'est
aussi le jour de la résurrection de Jésus. Henri Laügt indique également que
le dimanche est :

> Le « huitième jour », notion que l'on trouve dans les ordonnances
> lévitiques, c'est-à-dire un jour de renouveau, un jour qui échappe
> au cycle de la première création, un jour où l'esprit de Dieu est
> répandu (On voit dans la loi cette notion de huitième jour dans
> le « lendemain du sabbat » : Lévitique 23.11-16 et voir aussi
> Lévitique 9. 1, 23-24)[1].

Le sabbat est une prescription antérieure à la loi donnée à Israël au mont
Sinaï[2], de la manière la plus solennelle (*cf.* Ex 19.16, 18), et en fait partie
intégrante. Observons ensemble la place du sabbat dans l'Ancien et le Nouveau
Testament.

a) Le sabbat dans l'Ancien Testament

L'Éternel parla à Moïse et dit : Toi, parle aux Israélites et dis-leur :
Vous observerez absolument mes sabbats, car ce sera un signe entre vous
et moi, dans (toutes) vos générations, grâce auquel on reconnaîtra que
je suis l'Éternel qui vous sanctifie. Vous observerez le sabbat, car il
sera saint pour vous. Celui qui le profanera sera puni de mort ; toute
personne qui fera quelque ouvrage ce jour-là sera retranchée du milieu
de son peuple. (Ex 31.12-14)

Ce passage nous montre l'importance du sabbat dans la loi. En respectant
le sabbat, les Israélites montrent qui est l'Éternel leur Dieu et leur attachement

---

[1] Henri Laügt, *Le chrétien doit-il observer le sabbat ?*, Valence, Bibles et publications chrétiennes,
1985, p. 20.
[2] Le mont Sinaï est aussi appelé mont Horeb (*cf.*Dt 4.10-19).

à lui. Nous remarquons aussi la gravité de la punition associée au non respect du sabbat : la mort.

Selon Henri Laügt, le sabbat est relié à toutes les recommandations de Moïse et il est très présent dans le discours des prophètes de l'Ancien Testament[3]. Laügt indique également que le sabbat se distingue des autres commandements qui se présentent plutôt sous la forme d'interdictions[4]. Le sabbat rappelle le repos pris par Dieu à la création.

Les Israélites devaient observer le sabbat pour la seule raison que l'Éternel l'avait ordonné. D'après Henri Laügt, les autres commandements comportent une autre dimension : celle de la conscience. Il explique que la loi a deux côtés :

- un côté moral qui correspond à la conscience naturelle de tout homme. Ainsi, un [non-croyant] guidé par sa seule conscience pourrait suivre la plupart des commandements de la loi (Romains 2.14-15).

- un côté relationnel qui ne concerne que le peuple d'Israël, le peuple terrestre de Dieu auquel la loi a été donnée comme alliance.[5]

Ces deux côtés de la loi montrent le caractère particulier du sabbat qui se présente comme un signe de l'alliance entre l'Éternel et son peuple. Par ailleurs, Laügt explique bien la raison de la loi et les implications de ce que Jésus a accompli à la croix :

La loi a été donnée à Israël et la vie était promise à celui qui l'accomplirait. Seulement, aucun homme n'a pu l'observer parfaitement, si ce n'est le Seigneur Jésus. Dieu a pourtant permis cette expérience pour nous prouver que l'homme ne peut obtenir la vie par lui-même en réalisant la loi. Il voulait ainsi nous amener au seul moyen de salut : Jésus-Christ. La loi est donc notre conducteur jusqu'à Christ ; c'est elle qui nous fait connaître le péché (Galates 3.19, 24 ; Romains 3.20 ; 7.7)[6].

La loi mosaïque, et par conséquent le sabbat, demeure toujours revêtue de l'autorité divine. Le chrétien, tout en reconnaissant cela, ne lui est plus assujetti. En effet, il est délivré de la malédiction de cette loi qui était au-dessus de son pouvoir, parce qu'il est mort

---

[3] Laügt, *Le chrétien doit-il observer le sabbat ?*, p. 9.
[4] *Ibid.*
[5] *Ibid.*, p. 10-11.
[6] *Ibid.*, p. 6.

avec Christ, et en particulier mort à la loi, et qu'il est ressuscité avec Christ pour lequel il doit vivre désormais par la puissance du Saint-Esprit.

Cette vie de résurrection accomplit spontanément le côté moral de la loi en harmonie avec la conscience naturelle. Par contre elle n'a rien à voir avec le côté relationnel de la loi, lequel concernait le peuple d'Israël. Le sabbat, signe d'alliance et de communion entre l'Éternel et son peuple terrestre, sans rapport avec la conscience, appartient uniquement à ce deuxième côté de la loi. Le chrétien est donc libre à son égard.[7]

Dans l'Ancien Testament, le salut était obtenu par l'observation de la loi. Grâce à l'accomplissement de Jésus à la croix, le salut du chrétien ne dépend plus de son obéissance parfaite à la loi. L'Ancien Testament révèle plutôt que les êtres humains n'arrivent pas à respecter la loi parfaitement. Dieu nous montre ainsi notre besoin immense de rédemption. Seul Jésus, qui est parfait, pouvait accomplir notre salut. Réfléchissons maintenant à la place du sabbat dans le Nouveau Testament.

b) Le sabbat dans le Nouveau Testament

Jésus est « né sous la loi » (Ga 4.4). Il observait la loi et le sabbat mais cherchait également à faire réfléchir les Juifs à ce sujet comme nous le voyons dans les passages suivants :

> Il arriva un jour de sabbat que Jésus traversa des champs de blé. Ses disciples, chemin faisant, se mirent à arracher des épis. Les Pharisiens lui dirent : Vois, pourquoi font-ils ce qui n'est pas permis un jour de sabbat ? Jésus leur répondit : N'avez-vous jamais lu ce que fit David, lorsqu'il fut dans le besoin et qu'il eut faim, lui et ses gens ? Comment il entra dans la maison de Dieu du temps du souverain sacrificateur Abiathar, mangea les pains de proposition, qu'il n'est permis qu'aux sacrificateurs de manger, et en donna même à ses gens. (Mc 2.23-26)

> Ou, n'avez-vous pas lu dans la loi que, les jours de sabbat, les sacrificateurs violent le sabbat dans le temple sans se rendre coupables ? Or, je vous le dis, il y a ici plus grand que le temple. Si vous aviez

---

[7] *Ibid.*, p. 11-12.

reconnu ce que signifie : Je veux la miséricorde et non le sacrifice, vous n'auriez pas condamné des innocents. (Mt 12.5-7)

Puis il leur dit : Le sabbat a été fait pour l'homme, et non l'homme pour le sabbat, de sorte que le Fils de l'homme est maître du sabbat. (Mc 2.27-28)

Jésus entra de nouveau dans la synagogue. Il s'y trouvait un homme qui avait la main sèche. Ils observèrent Jésus pour voir s'il le guérirait le jour du sabbat, afin de pouvoir l'accuser. Et Jésus dit à l'homme qui avait la main sèche : Lève-toi, là au milieu. Puis il leur dit : Est-il permis, le jour du sabbat, de faire du bien ou de faire du mal, de sauver une personne ou de la tuer ? Mais ils gardaient le silence. Alors, promenant ses regards sur eux avec colère, et en même temps navré de l'endurcissement de leur cœur, il dit à l'homme : Etends ta main. Il l'étendit, et sa main devint saine. Les Pharisiens sortirent et se consultèrent aussitôt avec les Hérodiens sur les moyens de le faire périr. (Mc 3.1-6)

En indiquant qu'il est « maître du sabbat » (Mc 2.27-28), Jésus montre qu'il peut ne pas respecter le sabbat car c'est lui-même qui l'a établi[8]. Laügt indique deux autres raisons pour lesquelles Jésus peut enfreindre le sabbat :

Le Seigneur précise que le sabbat a été fait pour l'homme et non l'homme pour le sabbat (Marc 2.23-28). Le sabbat a été donné pour que l'homme se repose et jouisse du fruit de son labeur, et non pour que l'homme devienne esclave du sabbat. [...] Jésus, le Fils de l'homme, peut disposer du sabbat en prenant la même liberté à l'égard des ordonnances que celle prise par David quand il était rejeté et dans le besoin (*cf.* 1 S 21.3-7). D'autre part, le Seigneur apporte à l'homme pécheur un repos combien supérieur à celui du septième jour.

Enfin, le Seigneur parle du sabbat en relation avec l'activité du Père : « Mon Père travaille et moi je travaille » (Jean 5.17). Après les six jours de la création, Dieu, voyant que tout ce qu'il avait fait était très bon, pouvait se reposer (Genèse 2.2) : tout était parfait, il n'y avait plus rien à faire.[9]

---

[8] *Ibid.*, p. 13-14.
[9] *Ibid.*

Dans Genèse 2.2, la création était terminée pour Dieu mais en ce qui concernait la providence[10] et la surveillance, il avait fort à faire (*cf.* Gn 3.8-10, 22-24 ; 4.6-10, 15 ; 21.14-20 ; Ps 121 ; 127.1-2 ; Mt 6.25-32 ; 10.29-30 ; Lc 12.6-7). Le repos de Dieu n'est pas synonyme de l'inaction. Dieu règne éternellement et contrôle indéfiniment toutes choses (*cf.* Ps 93.1-2 ; 45.7 ; 46.11 ; 146.10). C'est pourquoi le péché étant entré dans le monde, Dieu s'est pleinement déployé sur le plan de la nouvelle création :

> *Car je crée de nouveaux cieux et une nouvelle terre ; on ne se rappellera plus les événements du début, ils ne remonteront plus à la pensée. Réjouissez-vous plutôt et soyez à toujours dans l'allégresse, à cause de ce que je crée ; car je crée Jérusalem pour l'allégresse et son peuple pour la joie. Je ferai de Jérusalem mon allégresse et de mon peuple ma joie ; on n'y entendra plus le bruit des pleurs et le bruit des cris.* (Es 65.17-19 ; *cf.* Ap 21.1-4)

> *Si quelqu'un entre en communion vivante avec Christ, il devient un homme nouveau, il est recréé. L'ancien état est dépassé, ce qu'il était autrefois a disparu, la nouvelle création a déjà commencé, voici : tout est devenu nouveau.* (2 Co 5.17)[11]

Il n'y a plus de repos dans une création souillée (Michée 2.10). Le Fils, l'envoyé du Père, travaille comme Lui et cela même le jour du sabbat[12].

Alors, qu'est-ce que le sabbat signifie pour nous aujourd'hui ? Tout comme les disciples qui faisaient un avec leur maître n'étaient pas coupables vis-à-vis du sabbat, les chrétiens qui sont intimement unis au Seigneur en toutes choses, n'en sont pas non plus coupables. Ils n'en sont aucunement assujettis. Néanmoins, pour la santé du corps, le repos est essentiel. Qui veut aller loin ménage sa monture, dit-on. Dans le passage suivant, Jésus invite ses disciples à se reposer de leur travail :

> *Au retour de leur mission, les apôtres se rassemblèrent auprès de Jésus et lui rendirent compte de tout ce qu'ils avaient fait, ils lui racontèrent ce qu'ils avaient enseigné. Alors il leur dit : Venez avec moi, nous allons*

[10] Étienne Fréchet, *L'édifice de Dieu*, Morsbach-Steimelhagen, Édition de Littérature Biblique, 1980, p. 80. La dernière ligne de la confession de foi de *La Bonne Nouvelle* de Strasbourg relative à *l'homme et la femme* où il est écrit : « Mais Dieu n'abandonne pas sa création et continue à lui assurer son soutien, ses bienfaits et sa bienveillance ».
[11] Parole Vivante.
[12] Laügt, *Le chrétien doit-il observer le sabbat ?*, p. 14.

nous retirer dans un endroit isolé pour être tranquilles, il vous faut prendre un peu de repos. Il y avait effectivement tant de visiteurs et tant de va-et-vient qu'ils n'avaient même pas le temps de manger. Ils partirent donc dans la barque pour se retirer à l'écart dans un endroit inhabité. (Mc 6.30-32)[13]

Tout comme les disciples, il nous convient d'apprendre à nous reposer de nos œuvres aujourd'hui.

Le peuple d'Israël fut soumis à l'observance du sabbat, car le sabbat était le signe de l'alliance avec l'Éternel qui s'était sanctifié ce peuple pour qu'il jouisse de son repos dans la première création (*cf.* Ex 33.14). En plus du sabbat, trois fois par an, tous les hommes d'entre ce peuple se présentaient devant l'Éternel, leur Dieu, dans le lieu qu'il choisissait : à la fête des pains sans levain, à la fête des semaines et à la fête des huttes (*cf.* Dt 16.16). La première de ces fêtes annuelles, c'est la Pâque.

2. La Pâque

La fête de Pâque, aussi appelée la fête des pains sans levain, est l'une des trois fêtes annuelles prescrites à son peuple par l'Éternel Dieu. Elle est la première de ces trois solennités, de ces saintes convocations de l'Éternel qu'Israël publia au temps fixé. Voici les origines de cette fête :

> « Pâque » vient du latin populaire *pascua*, « nourriture », du verbe *pascere* « paître ». Mais aussi du latin ecclésiastique *Pascha*, emprunté au grec *páskha*, lui-même emprunté à l'hébreu *Pessa'h* « il passa [par-dessus] », qui signifie « passage ». Pâque est le nom de la fête juive qui commémore la sortie d'Égypte du peuple hébreu et le passage à sec de la Mer rouge. D'après les Évangiles, c'est pendant cette fête juive (la pâque) qu'eut lieu la résurrection de Jésus ; c'est pourquoi le nom en a été repris pour désigner la fête chrétienne (Pâques).

> La langue française distingue en effet « la » Pâque originelle juive et la fête chrétienne de Pâques. La première commémore la sortie d'Égypte par un repas rituel qui s'appelle aussi « la Pâque ». La fête chrétienne, elle, commémore la résurrection de Jésus, passage de la mort à la vie. Pâque a été aussi la fête du printemps et du

---

[13] Parole vivante.

renouveau. Pour un chrétien, le printemps du renouveau est la
« nouvelle naissance »[14].

Quand on évoque la Pâque juive, on se souvient de quatre personnages
bibliques incontournables dont l'itinéraire s'y rattache indéfiniment. Il s'agit
d'Abraham, de Joseph[15] et de Moïse pour l'Ancien Testament, de Jésus pour
le Nouveau Testament.

a) Dans l'Ancien Testament

*Au coucher du soleil, Abram fut accablé de sommeil et aussi de frayeur
dans l'obscurité profonde. L'Éternel dit à Abram : Sache que tes
descendants seront des immigrants dans un pays qui ne sera pas le
leur ; ils y seront esclaves, et on les maltraitera pendant quatre cents
ans. Mais je jugerai la nation dont ils auront été esclaves, et ils sortiront
ensuite avec de grands biens. Toi, tu mourras en paix, tu seras enseveli
après une heureuse vieillesse. À la quatrième génération, ils reviendront
ici ; car c'est alors seulement que la déchéance morale des Amoréens aura
atteint son comble.* (Gn 15.12-16)

Ainsi commença l'histoire ! Et cette révélation que Dieu fit à Abraham
vit son accomplissement quand Joseph, vendu par ses frères aux Ismaélites
qui le revendirent à Potiphar, se retrouva en Égypte du Pharaon. Après son
passage en prison pour fausses accusations (*cf.* Gn 39-41.8), il en sortit par la
grâce de Dieu, fut établi chef du gouvernement du Pharaon (*cf.* Gn 41.9-57),
et servit avec fidélité, loyauté et efficacité la nation égyptienne (*cf.* Gn 42-46 ;
47.13-26). Alors, avec l'approbation du Pharaon, il fit venir son père et ses
frères qu'il installa au pays de Gochên (*cf.* Gn 47.1-12, 27-28).

Puis, la révélation de Dieu à Abraham s'accomplit :

*Joseph mourut, ainsi que tous ses frères et toute cette génération-là. Les
Israélites furent féconds, proliférèrent, se multiplièrent et devinrent de
plus en plus puissants. Et le pays en fut rempli. Un nouveau roi vint à
régner sur l'Égypte, lequel n'avait pas connu Joseph. Il dit à son peuple :
Voilà le peuple des Israélites qui est plus nombreux et plus puissant que
nous. Allons ! montrons-nous habiles à son égard, de peur qu'il ne se
multiplie, car s'il survenait une guerre, il se joindrait à ceux qui nous*

---

[14] Top chrétien, « Pâques, Pâque, pascha, Pessa'h », https://www.topchretien.com/topmessages/texte/
paques-paque-pascha-pessah/.
[15] Et son père Jacob avec lui (*cf.* Gn 46.2-7).

haïssent pour nous combattre et sortir ensuite du pays. Alors on établit sur lui des chefs de corvées afin de l'accabler de travaux pénibles... (Ex 1.6-11)

Alors l'Éternel dit à Moïse, au moment où il faisait paître le troupeau de Jéthro, son beau-père :

J'ai bien vu la misère de mon peuple qui est en Égypte, et j'ai entendu son cri à cause de ses oppresseurs, car je connais ses douleurs. Je suis descendu pour le délivrer de la main des Égyptiens et pour le faire monter de ce pays, dans un pays découlant de lait et de miel, dans la région (où habitent) les Cananéens, les Hittites, les Amoréens, les Phéréziens, les Héviens et les Yébousiens. Maintenant le cri des Israélites est venu jusqu'à moi, et j'ai vu l'oppression que leur font subir les Égyptiens. Maintenant, va, je t'envoie vers le Pharaon ; fais sortir d'Égypte mon peuple, les Israélites. (Ex 3.7-10)

En revanche, une nouvelle ère commença pour le peuple de Dieu. À coup de miracles et surtout de plaies par les mains de Moïse et de son frère Aaron, Dieu opéra la délivrance de son peuple de la servitude et le fit sortir du pays d'Égypte. La plaie décisive fut la dixième : la mort des premiers-nés, *depuis le premier-né du Pharaon assis sur son trône jusqu'au premier-né de la servante qui travaille aux meules, et tous les premiers-nés du bétail* (Ex 11.4-5). Ainsi Dieu institua-t-il la Pâque juive, en ce mois considéré comme le premier des mois de l'année, le quatorzième jour de ce mois, pour une durée d'une semaine (*cf.* Ex 12).

Cette nuit-là, sur instructions formelles de l'Éternel Dieu, on immola dans chaque famille des Israélites, un agneau ou un chevreau mâle sans défaut, âgé d'un an. Il fallait prendre son sang et le mettre sur les deux poteaux et le linteau de la porte des maisons et le manger avec des pains sans levain et des herbes amères, sans laisser de reste (*cf.* Ex 12.7-10). Toujours selon les instructions de l'Éternel, il fallait manger la chair rôtie au feu, une ceinture aux reins, les sandales aux pieds et le bâton à la main. Telle fut la Pâque de l'Éternel.

En fait, les herbes amères rappellent les souffrances du peuple de Dieu dans la maison de la servitude (*cf.* Ex 3.7, 9), et par anticipation, celles du Christ pascal (*cf.* Es 53). Une ceinture aux reins symbolise le courage dont il faut s'armer. Avec les sandales aux pieds on est désormais prêt pour le départ, le bâton du pèlerin à la main, dans la mesure où on a du chemin à faire. Le repas est pris à la hâte, parce qu'il ne faut surtout pas perdre de temps : le départ étant imminent.

Le sang était un signe indiquant les maisons où étaient les Israélites. L'Éternel vit le sang et les épargna. *Il n'y eut pas sur [les Israélites] de fléau destructeur, quand [l'Éternel] frappa le pays d'Égypte* (Ex 12.13). Le Pharaon appela Moïse et Aaron et leur intima l'ordre de partir immédiatement de son pays.

> *Les Israélites firent ce que Moïse avait dit : ils demandèrent aux Égyptiens des objets d'argent, des objets d'or et des vêtements. L'Éternel fit en sorte que le peuple obtienne la faveur des Égyptiens, qui se rendirent à leur demande, et ils enlevèrent cela aux Égyptiens. Les Israélites partirent de Ramsès pour Soukkoth au nombre d'environ six cent mille hommes de pied, sans les enfants. Tout un ramassis de gens monta aussi avec eux.* (Ex 12.30-38)

Cet agneau ou ce chevreau mâle sans défaut, âgé d'un an, que les Israélites immolèrent cette nuit-là, est une image du Christ, notre Pâque, lequel a été immolé, selon le Nouveau Testament.

b) Dans le Nouveau Testament

> *Purifiez-vous du vieux levain, afin que vous soyez une pâte nouvelle, puisque vous êtes sans levain, car Christ, notre Pâque, a été immolé.* (1 Co 5.7)

À Pâques, les chrétiens se rappellent la mort de Jésus à la croix (*cf.* Jn 19.17-37 ; Lc 23.26-49) et célèbrent sa résurrection (*cf.* Lc 24.1-12). Jésus a pris notre place à la croix et s'est offert en sacrifice. Son sacrifice rappelle l'agneau immolé à la Pâque juive par les Israélites lors de la sortie d'Égypte. Jésus est devenu l'agneau. Les enseignements de Jésus étaient nouveaux et considérés comme une menace à la religion établie. En effet, selon un article de Top chrétien :

> Le désaveu [de Jésus] envers la religion établie lui attire les foudres du clergé. Il est alors jugé par un tribunal et condamné à être livré aux Romains… pour s'en débarrasser. À cette époque, le gouverneur romain s'appelait Ponce Pilate, homme qui avait la réputation de ne pas être un tendre. Il a fait crucifier Jésus, pour

répondre aux souhaits de l'opinion publique qui se range volontiers du côté de la tradition[16].

À la Pâque juive s'est substituée la célébration de la cène : le dernier repas que Jésus partage avec ses disciples, la veille de son arrestation :

> *Pendant qu'ils mangeaient, Jésus prit du pain, et après avoir dit la bénédiction, il le rompit et leur donna en disant : Prenez, ceci est mon corps. Il prit ensuite une coupe, et après avoir rendu grâces, il la leur donna, et ils en burent tous. Et il leur dit : Ceci est mon sang (le sang) de l'alliance, qui est répandu pour beaucoup. En vérité, je vous le dis, je ne boirai plus du fruit de la vigne, jusqu'au jour où j'en boirai du nouveau, dans le royaume de Dieu.* (Mc 14.22-25)

Ainsi, la sainte cène, tout comme le baptême, est directement liée à la mort et à la résurrection de Jésus-Christ. Dans le christianisme protestant et évangélique, ils constituent les rites principaux et cela presque au détriment des fêtes chrétiennes comme, entre autres, la Pâque, la fête des rameaux que l'on célèbre une semaine plus tôt (*cf.* Za 9.9 ; Lc 19.29-40 ; Ap 7.9). À l'exception de certaines confessions protestantes, ces fêtes ne sont célébrées que dans l'Eglise catholique. Mettre l'emphase sur la sainte cène serait-il synonyme d'une dispense de la célébration traditionnelle de Pâques ?

> La cène est avant tout une allégorie. L'influence du rite juif est manifeste. Le pain et le vin étaient associés à Pâque avant la naissance de Jésus. À la coupe d'Élie s'est substituée la coupe de Jésus devenu l'*agnus Dei* qui prend la place de l'agneau pascal offert en sacrifice. Et l'Ascension de Jésus ne peut que rappeler celle d'Élie…[17]

Aujourd'hui, la mort de Jésus est célébrée le vendredi saint. Et Jésus est ressuscité le troisième jour, c'est-à-dire le dimanche de Pâques. Tous les peuples orthodoxes respectent à Pâques une coutume : pendant toute la semaine les chrétiens orthodoxes se saluent par l'exclamation : *Christ est ressuscité !* exclamation à laquelle on répond : *Il est vraiment ressuscité !*

On retient que dans les pays occidentaux, la fête la plus importante de l'année c'est Noël alors qu'en Grèce c'est Pâques… Or, les Églises de France et d'Afrique francophone – exception faite de l'Église catholique – ne font

---

[16] Top chrétien, « Pâques, Pâque, pascha, Pessa'h », https://www.topchretien.com/topmessages/texte/paques-paque-pascha-pessah/.
[17] « Origines de Pâques », http://seltzparoisse.free.fr/origine_de_paques.htm.

pas de Pâques une fête aussi importante[18] que Noël ! Et pourtant il n'y a pas de mal à ce que la célébration de Pâques rayonne *urbi et orbi*[19] et que règne l'esprit de fraternité ! *C'est pourquoi célébrons la fête, non plus avec le vieux levain de l'ancienne vie, ni avec le levain de la méchanceté et du vice, mais uniquement avec les pains sans levain qui s'appellent pureté et vérité, innocence et sincérité* (1 Co 5.8)[20].

Dans les Évangiles, Jésus parle du vieux levain en termes de levain des Pharisiens, de levain des Sadducéens et de levain d'Hérode (*cf.* Mt 16.6, 11-12 ; Mc 8.15 ; Lc 12.1). Le levain des Pharisiens, c'est l'hypocrisie : faire comme si, jouer un personnage, être au-dehors une personne autre que celle que l'on est au-dedans. Ainsi les chefs religieux l'ont-ils été vis-à-vis de Jésus quand ils lui posaient une question ou lui demandaient un signe. En fait, c'était pour l'éprouver ! Oliver de Tarragon décrit les Pharisiens comme étant « très à l'affût des petits péchés, mais parfaitement aveugles devant les péchés énormes comme l'hypocrisie, la malhonnêteté, la cruauté et l'avarice. Ils avaient perdu tout sens de valeur[21] ».

Ce levain, c'est aussi l'enseignement des Pharisiens : le faux enseignement, la fausse doctrine, la prophétie trompeuse, etc. C'est depuis toujours la particularité des sectes chrétiennes. Un exemple des plus récents est celui de *Africa Life Word Mission*[22] en provenance du Cameroun, voisin du Tchad, pour qui la nouvelle naissance, c'est non pas confesser ses péchés à Jésus et lui donner sa vie, mais *c'est entendre et comprendre*, parce qu'à cause du péché, l'être humain est un cadavre ; par conséquent, il ne peut pas parler. À cet effet, on cite pêle-mêle des passages bibliques comme Job 25.4-6. Mais l'ironie du sort, c'est qu'au regard de cette fameuse définition de la nouvelle naissance, ce cadavre

---

[18] Au Tchad, où les premiers missionnaires venaient pourtant d'ailleurs, on se demande bien comment un tel silence au sujet de la fête traditionnelle de Pâques peut-il s'expliquer. Il est fort probable que l'accent fortement mis sur la sainte cène chaque dimanche, comme dans les Assemblées Chrétiennes, en soit une raison valable. Pâques se serait confondu à la sainte cène et les deux ne feraient plus qu'une seule et même réalité ! On constate comme un manque d'enseignement relatif au contexte particulier de la sainte cène et de la Pâque chrétienne.

[19] Urbi et orbi : Expression en latin qui veut dire à la ville et au monde. Dans les milieux catholiques, on parle de message urbi et orbi du pape.

[20] Parole Vivante.

[21] Olivier de TARRAGON, *Le chrétien face à la guerre*, Cotonou, PBA, 2003, p. 50. Propos extraits de la note de bas de page.

[22] Au Tchad, cette fameuse mission prend le nom de *La Mission Parole de vie du Tchad*, et *l'église des sauvés* en est l'église locale. Les séminaires qui sont organisés ici et là à la recherche des adeptes portent quasiment sur les seuls et mêmes six points : 1) Dieu, la Bible, la création et la vie éternelle ; 2) La véracité de la Bible au travers des faits historiques comme le jardin d'Eden et le déluge ; 3) l'histoire du peuple d'Israël ; 4) les signes de la fin des temps ; 5) ce qui souille l'homme pour l'enfer ; 6) Comment Dieu rend juste pour le ciel ?

qui ne peut pas du tout parler, peut curieusement *entendre et comprendre* ! On le voit, l'hypocrisie et le faux caractérisent encore dangereusement le monde aujourd'hui, jusque dans la maison de Dieu !

Le levain des Sadducéens, c'est l'incrédulité, l'indifférence et la négligence. *Les Sadducéens disent en effet qu'il n'y a pas de résurrection, ni d'ange, ni d'esprit, tandis que les Pharisiens l'affirment* (Ac 23.8). Voilà pourquoi, lorsqu'ils se liguèrent contre l'apôtre Paul pour les besoins de la cause, il réussit à les opposer et à les diviser en évoquant la résurrection des morts (vv. 6-7, 9-10). Jésus dit aux Sadducéens : *Vous êtes dans l'erreur, parce que vous ne comprenez ni les Écritures, ni la puissance de Dieu* (Mt 22.29). Le levain des Sadducéens est le type du libre penseur.

Le levain d'Hérode, c'est la confusion, l'instabilité, le syncrétisme, la mondanité, la sensualité. Les Hérodiens sont des membres d'un parti politique de peu d'importance qui soutenait la famille d'Hérode. On les reconnaît à leur soutien indéfectible au roi et à son règne. Ils mélangent la religion et la politique pour des intérêts égoïstes. Ils confondent vitesse et précipitation pour les besoins de la cause. Ils ont la particularité d'être des opportunistes. On les retrouve ici et là, pourvu qu'ils en tirent profit. Quand on est caractérisé par ce levain, on relativise le péché, on banalise la foi, on manque de sérieux dans l'intimité avec Dieu, on prend à la légère la consécration à Dieu.

C'est pourquoi l'on doit se purifier du vieux levain afin d'être une pâte nouvelle, et de célébrer la fête de Pâques avec les pains sans levain de la sincérité et de la vérité. Des dates de jours fériés et de fêtes dépendent de ce jour de Pâques : le lundi de Pâques, l'Ascension, la Pentecôte, le lundi de Pentecôte. Nous allons d'ailleurs maintenant nous attarder sur la Pentecôte.

3. La Pentecôte

Le jour des prémices, où vous présenterez à l'Éternel une offrande nouvelle, à votre fête des semaines, vous aurez une sainte convocation : vous ne ferez aucun ouvrage servile. (Nb 28.26)

Quand vous ferez la moisson de votre terre, tu laisseras un coin de ton champ sans le moissonner, et tu ne ramasseras pas ce qui reste à glaner. Tu abandonneras cela au malheureux et à l'immigrant... (Lv 23.22)

On utilise plusieurs appellations pour évoquer cette deuxième fête annuelle : la fête des prémices, la fête des semaines, la fête de la moisson ou la fête de Pentecôte.

> *Depuis le lendemain du sabbat, du jour où vous apporterez la gerbe qu'on dédiera, vous compterez sept semaines entières. Vous compterez cinquante jours jusqu'au lendemain du septième sabbat...* (Lv 23.15-16).

> *Puis tu célébreras la fête des semaines en l'honneur de l'Éternel, ton Dieu...* (Dt 16.10)

Dans l'Ancien Testament, cette fête (de la moisson) que l'on célébrait en l'honneur de l'Éternel, consistait à lui consacrer les premiers fruits (prémices) de la terre avant d'en jouir :

> *L'offrande volontaire que tu donneras de ta main sera proportionnelle aux bénédictions que l'Éternel, ton Dieu, t'aura accordées. Tu te réjouiras devant l'Éternel, ton Dieu, dans le lieu que l'Éternel, ton Dieu choisira pour y faire demeurer son nom, toi, ton fils et ta fille, ton serviteur et ta servante, le Lévite qui résidera avec toi, ainsi que l'immigrant, l'orphelin et la veuve qui seront au milieu de toi. Tu te souviendras que tu as été esclave en Égypte et tu observeras et mettras ces prescriptions en pratique.* (Dt 16.10-12)

C'est dans cette optique qu'en Afrique subsaharienne, surtout au Sahel, certaines dénominations chrétiennes célèbrent la fête de la moisson diversement au mois de septembre. À l'occasion, on amène des prémices à l'Église locale, et on les dépose sur l'autel en offrande à Dieu, lui qui a rendu la terre fertile et a béni les champs.

Mais dans le Nouveau Testament, avec l'effusion du Saint-Esprit et le don des langues, le grand jour s'est levé. Ce fut la nouvelle Pentecôte ; et l'Église de Jésus-Christ vit le jour (*cf.* Ac 2.2-6, 9-11).

Quand Jésus ressuscita des morts, il resta quarante jours sur la terre, se montrant de temps en temps à ses disciples avant d'être enlevé au ciel du milieu d'eux. Dix jours après son ascension, il fit répandre sur eux le Saint-Esprit. De la sortie du tombeau à l'effusion du Saint-Esprit, on compte cinquante jours. D'où la Pentecôte qui veut dire cinquante jours.

Dans l'Ancien Testament, on célébrait la fête de Pentecôte cinquante jours après la sortie du peuple d'Israël de l'Égypte du Pharaon (Pâque). De même, dans le Nouveau Testament, on la célèbre cinquante jours après la sortie de Jésus du tombeau (Pâques) et son ascension.

De nos jours, on la célèbre plutôt diversement et à différents niveaux, d'une dénomination chrétienne à l'autre.

4. La fête des récoltes

Tu célébreras la fête des huttes pendant sept jours, quand tu recueilleras (le produit) de ton aire et de ton pressoir. Tu te réjouiras à l'occasion de cette fête, toi, ton fils et ta fille, ton serviteur et ta servante, et le Lévite, l'immigrant, l'orphelin et la veuve, qui résideront avec toi. Tu célébreras la fête pendant sept jours en l'honneur de l'Éternel, ton Dieu, dans le lieu que choisira l'Éternel ; car l'Éternel, ton Dieu, te bénira dans toutes tes récoltes et dans toute l'œuvre de tes mains, et tu te livreras à une joie sans réserve. (Dt 16.13-15)

(…) Vous demeurerez pendant sept jours sous des huttes ; tous les autochtones en Israël demeureront sous des huttes, afin que vos descendants sachent que j'ai fait habiter sous des huttes les Israélites, après les avoir fait sortir du pays d'Égypte. Je suis l'Éternel, votre Dieu. (Lv 23.41-43)

La fête des récoltes est la troisième fête annuelle juive qu'on appelle aussi la fête des huttes ou encore la fête des tabernacles. Comme le sabbat, la Pâque et la Pentecôte, elle est une prescription perpétuelle pour le peuple d'Israël. Dans l'Ancien Testament, elle était célébrée avec faste en l'honneur de l'Éternel, le quinzième jour du septième mois, pendant sept jours dans le lieu qu'il choisissait lui-même à cet effet. C'est une fête de souvenir car le peuple demeurait pendant sept jours sous des huttes, afin que ses descendants sachent que l'Éternel a fait habiter les Israélites sous des huttes. C'est aussi une fête de reconnaissance à l'Éternel qui les bénissait dans toutes leurs récoltes et dans toute l'œuvre de leurs mains. Voici les instructions concernant cette fête : *Pendant sept jours, vous offrirez à l'Éternel des (sacrifices) consumés par le feu. Le huitième jour, vous aurez une sainte convocation et vous offrirez à l'Éternel des (sacrifices) consumés par le feu ; ce sera une cérémonie solennelle : vous ne ferez aucun ouvrage servile* (Lv 23.33-36).

De nos jours, la fête des récoltes n'est pratiquement pas célébrée, à l'exception de quelques Églises et dans une certaine mesure, comme l'Église de l'Alliance Chrétienne (EAC) à l'ouest du Burkina Faso, l'église locale de

Nouna notamment. Pourtant, quelques témoignages attestent qu'elle était célébrée longtemps auparavant à Doba et dans les campagnes environnant la ville de Moïssala par certaines communautés relevant des Assemblées Chrétiennes au Tchad (ACT)[23]. Et les gens demeuraient effectivement sous des huttes, parait-il.

À la vérité, à part la dîme des produits des champs que des paysans chrétiens continuent d'apporter dans la maison de Dieu, la fête des récoltes passe souvent inaperçue. Quelques autres pistes de réflexion relatives à la célébration des fêtes sont suggérées dans le mot de la fin.

Le mot de la fin

En Jésus-Christ, la célébration de chacune de ces fêtes l'est en l'honneur de l'Éternel dont le règne est éternel. C'est une occasion de se souvenir de qui ce Dieu est (*cf.* Ec 12.1-2 ; 2 Tm 2.8-9), de reconnaissance à lui pour ce qu'il fait (*cf.* Ps 50.14, 23 ; Hé 13.15), et d'évangélisation pour que son salut se manifeste dans des cœurs et dans des vies (*cf.* Es 49.6). Dans la manière de célébrer l'une ou l'autre de ces fêtes, l'essentiel c'est d'y donner à Dieu sa place. C'est là le défi à relever par les enfants de Dieu, pris individuellement ou collectivement, ou encore par chacune des familles qu'ils représentent.

Il y a en effet un exemple à ne pas suivre que celui du peuple dont il est dit : *Le peuple s'assit pour manger et pour boire ; puis ils se levèrent pour se divertir* (Ex 32.6). C'est pourquoi l'apôtre Paul en vint à dire sa préoccupation respectivement aux Églises de la Galatie, de Rome et de Colosse en ces termes :

> *(…) Voulez-vous une fois de plus vous laisser asservir par un système religieux primitif sans valeur ni efficacité ? Déjà, vous observez les jours spéciaux, les nouvelles lunes, les temps de fête, les années saintes ! Ah ! Je crains fort que toute la peine que je me suis donnée pour vous ait été dépensée en pure perte !* (Ga 4.9-10)[24]

> *Pour celui-ci, certains jours sont plus sacrés que d'autres ; pour celui-là, ils se valent tous : que chacun se forme là-dessus une opinion personnelle et s'y tienne. Il s'agit de bien savoir ce qu'on fait et pourquoi on le fait.*

---

[23] Quelque chose se serait passé entre la célébration (la reconnaissance et la pratique) de la fête des récoltes, d'une part, et sa disparition sans tambour ni trompette, d'autre part. Le phénomène de l'exode rural serait passé par là, surtout quand on sait que le travail de la terre, parce qu'il est en perte de vitesse, ne fait plus l'affaire du paysan tchadien. La psychose de l'insécurité y est aussi pour quelque chose.

[24] *Parole vivante.*

Celui qui met tel jour à part veut, par là, honorer et servir le Seigneur… (Rm 14.5-6)

Ainsi donc, que personne ne vous juge… pour une question de fête, de nouvelle lune ou de sabbats : tout cela n'est que l'ombre des choses à venir, mais la réalité est celle du Christ. (Col 2.16-17)

L'attitude que Dieu attend de son peuple lors de la célébration d'une fête quelconque, c'est celle qui permet que son nom soit sanctifié, que son règne vienne, et que sa volonté soit faite (*cf.* Mt 6.10). C'est aussi ce qu'il faut démontrer à la fête de la Saint-Valentin que nous allons aborder au prochain chapitre.

Réflexion et action

1) De nombreuses fêtes sont prescrites par Dieu aux Israélites dans l'ancienne alliance. Qu'est-ce que vous en apprenez ?

2) Certaines de ces fêtes sont diversement célébrées par les églises et assemblées chrétiennes aujourd'hui. Quelle analyse en faites-vous ? Comment ces fêtes sont-elles célébrées dans votre église ?

3) Dans la manière de célébrer l'une ou l'autre de ces fêtes, l'essentiel c'est d'y donner à Dieu sa place. En quoi cette perspective est-elle une interpellation pour votre famille, église ou assemblée locale ?

Chapitre II

LA SAINT-VALENTIN HIER ET AUJOURD'HUI

*L*a Saint-Valentin est devenue la fête de tous les amours et de toutes les folies. Elle est profondément ancrée dans la tradition populaire et même dans la mythologie. Elle est célébrée depuis de très nombreuses années, mais ses origines sont plutôt antiques.

1. Des origines antiques

Les origines possibles sont variées, et les plus anciennes remontent à l'Antiquité. Dans l'Antiquité grecque, la période entre mi-janvier et mi-février correspondait au mois de Gamélion, et célébrait le mariage entre Zeus et Héra. Chez les Romains, les jours situés autour du 15 février étaient l'occasion des Lupercales[1], fêtes de la fertilité, de la fécondité et, par extension, de l'amour. Lupercus était en effet le dieu de la fécondité, protecteur des champs et des troupeaux. Ces fêtes des Lupercales célébraient aussi Junon, déesse romaine des femmes et du mariage, et Pan, dieu de la nature. Selon un article du *Parisien*,

> Pour [certains], la Saint-Valentin tiendrait ses origines d'une fête païenne, les Lupercales ou Lupercalia, célébrée au ve siècle après Jésus-Christ. La coutume voulait que durant 3 jours, du 13 au 15 février, les jeunes hommes tiraient au sort le nom de leur future compagne de fête avant de la séduire pendant trois jours[2].

---

[1] Lupercales, mot qui vient du latin *Lupercus* dont la racine donne loup en français.
[2] *Le Parisien*, « Saint-Valentin : origine et histoire de la fête des amoureux », http://www.leparisien.fr/guide-shopping/saint-valentin-origine-et-histoire-de-la-fete-des-amoureux-02-02-2018-7538025.php

2. La canonisation de saint Valentin

L'Église ne voyait pas d'un très bon œil ces fêtes païennes. Le pape Gélase 1er (492-496) décida donc, vers la fin du ve siècle, de fixer au 14 février la date de la Saint-Valentin. Ainsi les chrétiens pourraient-ils continuer à célébrer cette fête d'origine païenne, sous le couvert d'un martyr chrétien, Valentin. En fait, plusieurs martyrs du nom de Valentin furent canonisés par l'Église[3], et il est difficile de savoir pourquoi c'est ce prénom de saint qui a été choisi pour être associé à la fête de l'amour.

On dit qu'au IIIe siècle à Rome, un certain prêtre, Valentin, maria en secret des jeunes couples autour des années 200 après Jésus-Christ. À cette époque, sous l'empereur Claude II le Gothique, une loi interdisait aux jeunes hommes de se marier tôt, car les célibataires, sans attaches, faisaient de meilleurs soldats. Ce prêtre fut arrêté, et pendant sa captivité, il se lia d'amitié avec Julia qui recouvra miraculeusement la vue après qu'il eût prié pour elle. Au moment des faits, Astérius était le geôlier et Julia sa fille adoptive était aveugle. Astérius délivra alors les chrétiens qu'il tenait prisonniers, et se fit baptiser avec toute sa famille de quarante-six personnes. Valentin fut exécuté à Rome, paraît-il, le 14 février 268, 269 ou 270 selon les versions. C'est donc ce martyr, du nom de Valentin, qui fut canonisé et choisi pour la christianisation d'une fête d'origine païenne. Ainsi va la fête de la Saint-Valentin, source de symboles célébrant apparemment l'amour et la fidélité[4].

3. Les symboles de la Saint-Valentin

Les principaux symboles de la Saint-Valentin sont : Cupidon, le cœur, les billets doux, les croix et les oiseaux.

Cupidon

En latin, *Cupido* signifie « désir ». Dans la mythologie romaine, Cupidon représente le dieu de l'amour. Il est généralement représenté par un jeune enfant peu vêtu, parfois ailé, et portant un arc et des flèches d'argent. Il est

---

[3] La canonisation consiste pour l'Église catholique de déclarer saint(e), à titre posthume, un serviteur ou une servante du Seigneur qui, de son vivant était utilisé(e) par Dieu pour opérer un miracle authentifié et qui était mort(e) en martyr pour la cause de Christ et de son Évangile. Par contre, la béatification consiste à le/la déclarer bienheureux (ou bienheureuse), également à titre posthume, pour avoir opéré un miracle avéré mais dont la mort était autre qu'en martyr.

[4] *Cf.* José LONCKE, *Les fêtes chrétiennes et quelques autres, leur signification et leurs pratiques*, Paris, Croire Publications, 2009, pp. 63-64.

parfois représenté couronné de roses, symbole du plaisir et parfois avec un bandeau sur les yeux pour illustrer l'aveuglement de l'amour. Selon la légende, lorsque l'une de ses flèches vous touche, vous tombez éperdument amoureux de la première personne que vous voyez.

Le cœur

Le cœur, en général de couleur rouge, est un autre symbole très important de la Saint-Valentin. Depuis l'Antiquité, sa représentation est liée aux sentiments amoureux. Il s'agit donc d'un des plus vieux symbole de l'amour. Aujourd'hui, on peut retrouver ce symbole sur les cartes de vœux de Saint-Valentin ou sous la forme d'objets de décoration par exemple, spécialement conçus pour l'occasion.

Le billet doux

Selon un article du *Parisien*, c'est à partir du Moyen Âge que des coutumes s'établissent pour la fête des amoureux :

> Les jeunes hommes qui devaient choisir leurs cavalières pour les processions ont été appelés les Valentin. Plus tard, au xıve siècle, le poète anglais Geoffrey de Chaucer raconte dans ses écrits que les amoureux s'échangent des lettres d'amour et qu'ils appellent l'être aimé Valentin. Un siècle plus tard, Charles d'Orléans, lui-même, écrit des poèmes d'amour consacrés à la Saint Valentin. En 1496, le pape Alexandre VI donne le titre de « patron des amoureux » à Valentin de Terni, le prêtre du ıııe siècle qui mariait des couples en cachette[5].

À cette époque, il était donc courant pour les amoureux de s'échanger des billets doux. Aujourd'hui, les cartes de vœux ont remplacé cette coutume.

La croix pour signer un billet

Au Moyen Âge, tracer une croix en bas d'un document remplaçait la signature. Elle était également utile pour ceux qui ne savaient pas écrire. On

---

[5] *Le Parisien*, « Saint-Valentin : origine et histoire de la fête des amoureux », 4 février 2019, http://www.leparisien.fr/guide-shopping/saint-valentin-origine-et-histoire-de-la-fete-des-amoureux-02-02-2018-7538025.php

signait alors d'un X et il fallait ensuite l'embrasser devant des témoins. Cette coutume faisait office de serment et est sans doute à l'origine du fait que le X symbolise aujourd'hui le baiser. Ainsi, un message, on va dire, un SMS, par exemple, que l'on adresse à un être cher, quand il se termine par un X, est une signature qui veut dire : « Je t'embrasse ou Bisou ».

Les oiseaux

Au Moyen Âge, les oiseaux étaient considérés comme des messagers du printemps et de l'amour. Cette croyance se retrouve notamment dans les œuvres du poète anglais Geoffrey Chaucer au XIVᵉ siècle.

C'est à partir de la mi-février que de nombreux oiseaux commencent à s'accoupler. En Afrique subsaharienne, et surtout au Tchad, cet accouplement commence dès le mois de décembre chez les chiens dans les rues et chez les chats sur les toits. La Saint-Valentin est donc associée au début de la saison des amours chez de nombreux animaux et les oiseaux sont ainsi devenus un symbole de cette fête.

4. Une fête populaire

La Saint-Valentin est aussi une fête faisant partie de la tradition populaire. Cette fête était l'occasion pour les jeunes célibataires, dans les villages, de trouver leur moitié ou l'âme-sœur. À cet effet, on organisait des tirages au sort ou des parties de cache-cache[6]. Il semble que dans certaines régions, ces couples se fiançaient. Dans d'autres, le garçon devait arborer le nom de la fille sur sa manche et la protéger durant l'année.

La Saint-Valentin a donc été, durant des siècles, la fête des célibataires, et ce n'est que récemment qu'elle est devenue une fête des couples.

Dans son article du 13 février 2007, paru dans la rubrique Top info de Top Chrétien Francophone, Lydie Grivalliers nous invite vivement à fêter cette fête autrement, dans la perspective de la Saint-Jésus[7].

---

[6] http://www.rtl.fr/actu/societe-faits-divers/saint-valentin-d-ou-vient-cette-tradition-7781877698, Rédaction numérique de RTL du 14 février 2016 à 06h13. Les prénoms des jeunes filles non mariées étaient inscrits sur des bouts de papier, et tirés au sort par les jeunes gens *libres*. Paraît-il que chaque jeune fille à marier se cachait, et le jeune homme qui la trouvait devait l'épouser... L'histoire ne dit pas si ça marchait vraiment !
[7] Lydie Grivalliers, « Connaissez-vous la saint-Jésus », Top chrétien, http://www.topchretien.com/topinfo/view/12293/connaissezvous-la-saint-jesus.html.

5. La perspective de la Saint-Jésus

Grivalliers dit ne pas vouloir passer pour la trouble-fête de service ; mais, dit-elle, dans le fond, toutes ces fêtes ne sont que du *marketing* en puissance. Nous ne sommes pas obligés de fêter la Saint-Valentin parce que l'on a décrété un jour que c'était la fête des amoureux. Si nous devions accorder de l'importance à toutes ces fêtes du calendrier, nous serions débordés. Notre société innove chaque année et la dernière en date, c'est la fête des grands-mères. Après celle des mères, des pères, il fallait bien ajouter celle-là. À quand celle des enfants, des belles-mères et des belles-filles ? Grivalliers nous exhorte à garder les yeux bien ouverts, car ces fêtes sont de simples prétextes pour vendre, faire du profit, augmenter le chiffre d'affaires, etc. Et ça marche, c'est sûr : restaurants, fleuristes, cinéma, magasins en tout genre, etc.

Grivalliers pense que pour ceux qui peinent à joindre les deux bouts au niveau des finances, toutes ces fêtes complexifient. Même pour les croyants, car ces fêtes entrent aussi dans les Églises. Que l'on ne se laisse donc pas piéger. En bref, il n'y a rien de mal à fêter la Saint-Valentin avec son mari ou sa fiancée, si en dehors de ce jour, c'est une continuité à l'amour. Dans le cas où rien ne va plus dans le foyer et qu'il s'agit seulement d'une soirée dans l'année pour marquer le coup... À quoi ça sert ? Certains vont jusqu'à faire des folies financières et se mettent en difficulté. Au lieu de nous laisser influencer, trouvons un juste milieu. L'amour comme l'affection s'entretient, que ce soit pour la Saint-Valentin, pour la fête des mères ou des grands-mères.

Alors, poursuit-elle, inutile de s'alarmer, si pour le 14 février vous n'avez pas trouvé quelqu'un pour garder les enfants, si vous travaillez tard, si vous êtes malade, reportez votre soirée à un autre jour. L'essentiel, c'est de montrer l'amour à l'instar de Jésus en célébrant son nom, lui qui s'est livré en sacrifice pour nous sauver.

Ainsi est-on encouragé à fêter l'amour de Dieu par le Christ Jésus et à manifester son amour au monde, pas une fois dans l'année mais 365 jours par an. S'il y a bien quelqu'un qui mérite d'avoir sa fête dans nos cœurs, c'est celui qui a donné sa vie à la croix pour nous sauver, Jésus le Christ de Dieu. Certes, la Saint-Jésus n'existe pas sur le calendrier, mais l'essentiel est que Jésus soit une réalité dans nos cœurs et dans nos vies. C'est avec cette perspective que l'on en vient au mot de la fin.

Le mot de la fin

Il est déplorable qu'avec le temps la Saint-Valentin soit devenue une fête commerciale d'une part, et une fête de tous les amours et de toutes les folies d'autre part. Certains en profitent pour vendre au maximum leurs produits et réaliser de gros chiffres d'affaires.

Cet événement devrait plutôt être l'occasion de manifester son amour et sa compassion, non seulement à son partenaire amoureux, mais aussi à ses enfants, ses amis, ses parents, ses voisins, etc. Par ailleurs, il convient d'avoir une pensée pour les veuves et les orphelins, les immigrés et les réfugiés, les malades et les prisonniers ; mais il faut aussi et surtout leur rendre visite et partager avec eux ce que l'on a. Cette journée doit être remplie d'amour, de tendresse et de bien-être ; sa célébration doit l'être dans le respect des valeurs chrétiennes, celles du Royaume de Dieu.

Réflexion et action

1) Après les festivités de fin d'année, la Saint-Valentin est dans tous les esprits, surtout chez les jeunes. Quelle découverte en faites-vous ?

2) La Saint-Valentin est devenue la fête des tous les amours et de toutes les folies. Comment en est-on arrivé là ?

3) Cet événement devrait plutôt être l'occasion de manifester amour et compassion aux uns et aux autres. Qu'est-ce que vous pensez pouvoir faire pour que votre famille sache en donner un exemple à suivre ?

Chapitre III

ET LE DIVIN DEVIENT UN ÊTRE HUMAIN

Au commencement était la Parole, et la Parole était avec Dieu, et la Parole était Dieu. [...] La Parole a été faite chair, et elle a habité parmi nous, pleine de grâce et de vérité ; et nous avons contemplé sa gloire, une gloire comme celle du Fils unique venu du Père. (Jn 1.1, 14)

Ces versets nous indiquent que Jésus était avec Dieu depuis le commencement. Dieu a envoyé Jésus sur la terre pour vivre avec les hommes. Le divin est donc devenu un être humain. Le Dieu grand et redoutable est sorti de son silence intertestamentaire et est entré d'une manière toute nouvelle dans l'humanité. Ainsi a-t-il visité la terre en établissant un pont entre lui-même et l'humanité en péril. Dieu a envoyé Jésus sur la terre pour apporter la lumière dans les ténèbres. Cependant, l'enfant qui nous est né, le fils qui nous est donné (*cf.* Es 9.1, 5a) reçoit un accueil pour le moins paradoxal :

La vie résidait en lui. Cette vie est la lumière de tout le genre humain. La lumière rayonne vers les ténèbres, mais les ténèbres ne l'ont pas acceptée... C'est le Christ qui était la lumière véritable venant dans ce monde, celle qui éclaire tout être humain. En fait, il était déjà dans le monde, puisque le monde a été créé par lui, et pourtant, le monde ne l'a pas reconnu. Il est venu chez lui, et les siens ont refusé de l'accueillir. (Jn 1.4-5, 9-11)[1]

---

[1] Parole Vivante.

Quelques-uns ont pourtant accueilli ce Sauveur :

Ils ont cru en lui, ils ont placé leur confiance dans ce qu'il était ; à tous ceux-là, il a accordé le privilège de devenir enfants de Dieu. Peu importe leur race et leur sang, puisque ce n'est pas par une naissance naturelle qu'ils le sont devenus, sous l'impulsion d'un désir instinctif ou par une initiative d'homme : c'est Dieu lui-même qui les a fait naître (Jn 1.12-13)[2].

Revenons sur les circonstances de la naissance de Jésus.

1. La naissance de Jésus

Joseph aussi monta de la Galilée, de la ville de Nazareth, pour se rendre en Judée dans la ville de David appelée Bethléhem, parce qu'il était de la maison et de la famille de David, afin de se faire inscrire avec Marie, sa fiancée, qui était enceinte.

Pendant qu'ils étaient là, le temps où Marie devait accoucher arriva, et elle enfanta son fils premier-né. Elle l'emmaillota et le coucha dans une crèche, parce qu'il n'y avait pas de place pour eux dans l'hôtellerie. (Lc 1.4-7)

Selon Derek Prince, « la plupart d'entre nous associent fortement Noël avec la maison, la chaleur, le confort, un bon repas, de la bonne compagnie et les réunions en famille[3] ». En cette occasion, certains se rappellent sans doute de la naissance de Jésus, mais Derek Prince remarque surtout le contraste entre les circonstances particulières et précaires de celle-ci comparée aux célébrations de Noël d'aujourd'hui. Cependant, comme le dit si bien Derek Prince, « assurément, la gloire de ce premier Noël ne venait pas des circonstances extérieures ou matérielles, mais seulement d'une chose, la révélation de la miséricorde et de l'amour divins en la personne d'un Sauveur [4]».

Pour sa part, Issac Zokoué fait remarquer que Noël est la fête de l'Incarnation ; car Dieu qui est Esprit se fait chair[5]. Le mystère de l'Incarnation reste opaque pour l'esprit humain. L'apôtre Paul rappelle que c'est *ce que l'œil n'a pas vu, ce que l'oreille n'a pas entendu, et ce qui n'est pas monté au cœur de l'homme*

---

[2] Parole Vivante.

[3] Derek PRINCE, extrait de « Un Noël houleux en Terre sainte », *Une semaine avec la Bible* 3, 2002, p. 47.

[4] *Ibid.*

[5] Issac ZOKOUE, *Brève mise au point sur noël*, Bangui, CERTA, 2007, p. 9-10.

(1 Co 2.9). Mais le sens de ce mystère est révélé (*cf.* Hé 2.17) : le Christ s'est fait semblable à nous afin de nous sauver.

Concernant la naissance, d'après Zokoué, il s'agit de l'accouchement d'un bébé au sens propre et naturel du terme[6]. Car le Fils de Dieu qui assume notre nature humaine devient « vraiment homme, composé d'une âme parlante et d'un corps, en tout semblable à nous mais sans péché » (*cf.* dogme de Chalcédoine). L'absence d'une telle affirmation compromettrait gravement l'authenticité de l'humanité du Christ, et jetterait le doute sur toute la suite de sa mission. Mais il s'agit d'une naissance miraculeuse. Marie est vierge lorsqu'elle conçoit son bébé. L'ange lui annonce que c'est la puissance de Dieu qui produit ce miracle. Le Créateur, qui a créé Adam et Ève sans qu'il y ait au préalable des parents humains, use de sa force créatrice pour se faire homme en empruntant les voies d'une naissance humaine, sans qu'il soit question de procréation. La naissance virginale prouve que l'initiative de l'œuvre du salut est entièrement et absolument du côté divin. L'homme n'a aucune initiative dans cette œuvre. Tout est Grâce.

Expression de Dieu, le Fils qui nous est donné s'est incarné ; devenu homme, *il a vécu parmi nous. Oui, nous avons contemplé sa splendeur glorieuse, une splendeur que seul le Fils unique envoyé par son Père pouvait posséder. Tout en lui n'était que grâce et vérité* (Jn 1.14). C'est lui qu'on appelle *Admirable, Conseiller, Dieu puissant, Père éternel, Prince de la paix, et sur l'épaule duquel repose la souveraineté* (Es 9.6). D'ailleurs, c'est par lui que le zèle de l'Éternel renforce la souveraineté et donne une paix sans fin au trône de David et à son royaume, l'affermit et le soutient par le droit et la justice dès maintenant et à toujours (*cf.* Es 9.5). C'est encore à lui qu'on donne tantôt le nom de Jésus, *car c'est lui qui [sauve] son peuple de ses péchés* (Mt 1.21), tantôt le nom d'Emmanuel, *ce qui se traduit : Dieu avec nous* (Mt 1.23). Malheureusement, le monde continue de ne pas le recevoir.

Pourtant, chaque année, le mois de décembre continue de marquer les esprits autour du monde, les festivités de Noël s'imposent davantage aux familles et aux communautés.

2. Les festivités de fin d'année

La fin du mois de décembre est la période de l'année où presque tous les hommes chantent d'un même cœur et d'une seule voix : *Joyeux Noël ! Meilleurs*

---

[6] *Ibid.*, p. 10-11.

vœux pour l'année nouvelle !... Tout bouge pour que les réveillons qui vont se succéder ne soient pas perturbés : c'est l'occasion rêvée dont se saisissent les entreprises pour réaliser d'énormes recettes par les pacotilles appelés pudiquement cadeaux de Noël, avec leur cortège de joies et de malheurs. Les rapports se renforcent ou se dégradent selon qu'on donne quelque chose ou qu'on ne reçoit rien ; la dernière semaine de l'année est faite de retrouvailles, de festin et de cadeaux. C'est la routine. Et si l'humanité toute entière s'accorde à célébrer la grande fête du 25 décembre, elle perd de vue, dans une large majorité, ce qui constitue l'essentiel de cette éphéméride : la miraculeuse naissance du messager de joie et de paix, Jésus-Christ ; une naissance dont la perspective historique s'avère nécessaire de rappeler.

La perspective historique

– De la date de naissance

La fête de Noël commémore la naissance de Jésus d'une manière digne d'un roi. Même dans certains de nos pays africains, avec plus ou moins de faste, on fête la naissance du président (fondateur) ou du chef traditionnel. Avec Bissett[7], l'on admet que ce n'est pas toujours à la date véritable de sa naissance, mais à un moment convenable de l'année.

De même, il faut admettre de prime abord que Jésus n'est pas né le 25 décembre de l'an 1 (ou de l'an zéro !) comme certains se l'imaginent. Ils pensent à tort que l'an 2000 représente deux mille ans à partir de la naissance de notre Seigneur. Cela est vrai dans un sens approximatif seulement[8].

Selon les historiens, on célèbre la fête de Noël depuis le IVe siècle. On la connaît environ en 336 à Rome et en 375 à Antioche. Cependant, rien ne nous autorise à dire que, pendant la période de persécution de l'Église, des chrétiens ne se soient pas souvenus plus discrètement de cet événement lors de leur culte bien avant ces dates[9].

À des endroits différents, on observait soit le 2 janvier, soit le 18 ou le 19 avril, soit le 20 mai. La date du 25 décembre nous est venue du monde romain. C'était la fête païenne du solstice[10] d'hiver, inaugurée en 274 et appelée

---

[7] Victor BISSETT, *Noël fête d'un miracle, (Pourquoi célébrer la naissance de Jésus?)*, Abidjan, CDM, 1994, p. 5.
[8] *Ibid.*
[9] *Ibid.*, p. 8.
[10] Les solstices tombent plus précisément le 21 décembre et le 21 juin.

la *Naissance[11] du Soleil*. En décembre, l'hémisphère du nord est en plein hiver, et cette fête représente le moment où le soleil semble commencer à *revenir*.

Cette période de plein hiver était celle des Saturnales : un temps de célébration et de débauche qui s'étendait du 17 au 24 décembre dans tout le monde gréco-romain en l'honneur de Saturne, le dieu des semences et de l'agriculture. La Brumalia[12] tombait le 25 décembre, après les saturnales. C'est l'empereur Aurélien qui a décrété, en 274, le 25 décembre fête de la Naissance du Soleil invincible[13].

Avec la tolérance accordée au christianisme dans la période de Constantin, cette fête populaire du calendrier civil fut adoptée par l'Église à Rome et adaptée pour devenir tout simplement *Natalis*[14] non plus du soleil mais du Sauveur qui est le *soleil de la justice* (Ml 3.20) et la Lumière du monde (*cf.* Mt 4.16). De ce terme *Natalis* est venu le nom accordé à la fête de la nativité, *Noël* en français. Les chrétiens pensaient aussi sans doute à ce passage du prophète : *Le peuple qui marche dans les ténèbres voit une grande lumière ; sur ceux qui habitent le pays de l'ombre de la mort une lumière resplendit* (Es 9.1).

Les chrétiens de l'Église du ive siècle n'ont donc pas voulu être en reste. Comme ils ont tiré profit du dimanche (c'est à dire *Jour férié*), chômé dorénavant dans tout l'empire, ils ont pris aux païens leur fête du soleil pour en faire la fête de la Nativité.

Ainsi la naissance de Jésus est-elle célébrée par les chrétiens le 25 décembre. Certaines Églises orthodoxes (comme en Russie, en Serbie, en Palestine, en Égypte, en Éthiopie, etc.) qui utilisent le calendrier julien la célèbre le 7 janvier. Même si aucun texte des Évangiles ne précise une période exacte de l'année où a eu lieu cet événement, pour les chrétiens aujourd'hui, Noël est la fête de la Nativité, une des fêtes religieuses les plus importantes de l'année. Chaque année, au début de l'Avent[15], les familles catholiques (au Burkina Faso, par exemple) installent ou construisent devant leur cour ou dans leur maison une crèche qui représente la scène. Parfois la crèche est rangée par la suite en début

---

[11] Le mot *Naissance* vient du latin *natal*.

[12] La Brumalia est une fête de la Naissance du Soleil invincible. Le nom est dérivé du latin *bruma*, signifiant *le jour le plus court*.

[13] BISSETT, *Noël fête d'un miracle*, p. 8 : En latin : *Natalis[dies]solisinvicti* ; *cf.* LONCKE, *Les fêtes chrétiennes*, p. 43.

[14] Natalis : Jour de naissance.

[15] LONCKE, *Les fêtes chrétiennes*, p. 39. Selon lui, il s'agit d'une période allant d'une à quatre semaines avant Noël. La fête de Noël est précédée d'une période de préparation et de vigilance particulières comprenant actuellement quatre dimanches, appelée l'Avent avec « e ». Ce mot vient du mot latin *adventus*, qui veut dire « arrivée », « venue ».

janvier. On trouve également une crèche bien aménagée et soigneusement embellie dans chaque église (catholique) à cette époque de l'année.

Les églises catholiques organisent soit une messe de minuit le 24 décembre au soir, soit une messe le jour de Noël, soit les deux. C'est pratiquement ce que font les chrétiens en fonction des programmes de réveillons et/ou de cultes de Noël, qu'il s'agisse des Églises protestantes, évangéliques ou d'origine africaine. Dans les pays de tradition chrétienne se perpétuent depuis des siècles les chants de Noël, compositions populaires qui célèbrent la naissance de l'Enfant Jésus[16] et les événements qui l'accompagnent (visite des bergers, des rois mages, etc.). Cependant, aucun doute ne plane sur le lieu de naissance.

– *Du lieu de naissance*

C'était *à Bethléhem en Judée, au temps du roi Hérode* (Mt 2.1), lors d'un recensement, ordonné par César Auguste, alors que Quirinius était gouverneur de Syrie (*cf.* Lc 2.1-2). Les éléments historiques de cet événement sont d'autant précis qu'ils laissent grande ouverte la porte à toutes sortes de vérification. De plus, puisque Dieu a envoyé Jésus pour tout le monde, il l'a fait entrer dans le monde au moment où se passait un recensement de toute la terre. Tout cela ne laisse planer aucune ombre de doute sur cet événement unique : *Et toi, Bethléhem Ephrata, toi qui es petite parmi les milliers de Juda, de toi sortira pour moi celui qui dominera sur Israël et dont l'origine remonte au lointain passé, aux jours d'éternité* (Mi 5.1).

En effet, parmi les villes les plus connues à travers les siècles, cette petite ville située à moins d'une dizaine de kilomètres, au sud de Jérusalem, semble venir en tête de liste. S'il est vrai que David a été oint dans ce lieu et que Boaz et Ruth y ont vécu, il est à noter que sa renommée est plutôt intimement liée à une autre figure qui a marqué pour toujours l'histoire de l'humanité entière[17].

Poussé par l'Esprit de Dieu, le prophète Michée proclama avec courage la naissance du Messie Sauveur. Et pour lever toute équivoque sur ce lieu, puisque selon toute vraisemblance il y avait une autre ville du même nom[18] au nord d'Israël, il fit la précision en disant : *Ephrata*, l'autre nom par lequel on identifiait cette ville où Jésus vit le jour. Continuant sa description, il souligna

---

[16] *Cf.* BISSETT, *Noël fête d'un miracle*, pp. 10-11.
[17] Élysée LOMPO, « Quand un petit devient un grand », dans *Sentinelle* du 22 décembre 2009, publiée sur l'internet.
[18] Bethléhem de Zabulon, près de Nazareth (Jos 19.15 ; Jg 12.8).

que c'était une petite ville. Mais, au lieu de choisir une grande ville comme celle de Jérusalem, Dieu décida de manifester son incarnation dans ce lieu modeste.

En parcourant les textes bibliques, il apparaît que Dieu porte souvent son regard favorable sur ce qui n'attire pas le regard, sur ceux qui sont oubliés, abandonnés ou minimisés. Joseph était haï par ses frères mais Dieu l'éleva. La famille de Gédéon était la moindre d'entre les familles d'Israël et il était le plus petit de sa famille. Mais il fut choisi comme le libérateur du peuple. David n'avait même pas été invité au rassemblement familial avec le prophète Samuel, mais il fut oint parmi ses frères, etc.

Lorsque vous pensez à vous-même, peut-être que vous arrivez à la conclusion que vous n'avez pas une importance suffisante, malgré une apparence de réussite. Du point de vue humain, c'est peut-être vrai. Mais contrairement à la pensée populaire, la valeur d'un homme ou d'une femme n'est point liée à ses possessions matérielles ou financières (cf. Lc 12.15). Elle se mesure plutôt à la relation que l'on a avec Dieu. Pendant que nous commémorons la fête de Noël, retenons qu'un petit peut devenir un grand, à la seule condition que Jésus entre dans sa vie et y demeure comme Seigneur.

3. Le Christ incomparable

Il a vécu dans la pauvreté, grandi dans l'obscurité. Une fois seulement au cours de sa jeunesse il a franchi la frontière de sa province. Il n'a pas eu les avantages d'une haute instruction ou d'une éducation distinguée, sa famille étant sans fortune et sans influence. Et pourtant, petit enfant, il a été un sujet de terreur pour un roi ; jeune garçon, il a étonné et embarrassé les docteurs ; dans l'âge mûr, il a commandé la nature, marché sur les vagues, ordonné à la mer de s'apaiser, rendu la santé du corps à des multitudes, ressuscité des morts par le seul pouvoir de sa parole.

Il n'a jamais écrit un livre, et cependant aucune bibliothèque ne pourrait contenir les livres qui ont été écrits à son sujet. Il n'a jamais composé un cantique, et pourtant le nombre des mélodies dont il est aujourd'hui le thème est tel, que tous les compositeurs réunis ne sauraient l'égaler. Il n'a jamais fondé une école, et pourtant toutes les universités du monde ne pourraient se vanter d'avoir rassemblé autant de disciples. Il n'a jamais appris ni exercé la médecine, mais qui donc pourrait dire le nombre des cœurs brisés par la souffrance qui depuis plus de vingt siècles ont trouvé auprès de lui la guérison ? Il n'a jamais commandé une armée, ni enrôlé un soldat, ni manié un fusil, et pourtant aucun chef n'a levé plus de volontaires. Et, de par le monde entier, des rebelles ont déposé les armes de la révolte et soumis leur volonté à la sienne, sans une parole de sommation de sa part, sans un geste de violence, par les seules armes de la douceur.

Il a changé son vêtement de pourpre royale pour la tenue de l'humble artisan. Il était riche, et, par amour pour nous, il s'est fait pauvre, et combien pauvre ! [...].

De grands hommes ont paru et sont tombés dans l'oubli. Lui seul ne passe pas. Hérode n'a pu le tuer, et Satan n'a pas réussi à faire obstacle à son œuvre. La mort n'a pas été capable de le détruire, ni le tombeau de le retenir sous sa puissance. Il est le Christ incomparable, l'Admirable annoncé par la voix du prophète dès les temps anciens. Sa personne est le grand miracle de l'histoire de la race humaine : sur son visage d'homme rayonne la gloire éternelle du Très-Haut.[19]

Le Messie promis, annoncé par les prophètes depuis les temps anciens est bel et bien né à Bethléhem en Judée, lorsque les temps furent accomplis, pour donner à son peuple la connaissance du salut par le pardon de ses péchés, pour éclairer ceux qui sont assis dans les ténèbres et dans l'ombre de la mort, et pour diriger nos pas dans le chemin de la paix.

La promesse est accomplie, le salut nous est donné ; en Christ Dieu réconcilie sa justice et sa bonté. L'heure de la délivrance pour les captifs a sonné ; C'est la nouvelle alliance, l'enfant Jésus nous est né[20].

Car Noël, c'est Emmanuel : Dieu avec nous. Nous n'avons pas accueilli Jésus et pourtant Dieu nous accueille dans sa maison. Il nous invite à nous repentir de nos péchés, effacés à la croix grâce au sacrifice de Jésus.

---

[19] Extrait de « Noël, Le Christ incomparable », dans Sens Unique N° 51.
[20] Sur les ailes de la foi (SAF), N°87, Couplet 2.

Le mot de la fin

Il y a quelque temps un chef religieux bien connu disait de l'humanité « qu'elle a longtemps cherché la vérité ailleurs, qu'elle s'est fabriquée de fausses certitudes, qu'elle s'est fiée aux idéologies fallacieuses[21] ». Pourtant, quand le divin devient un être humain, le jour se lève. Dieu se révèle dans le silence et la beauté. La lumière de la vie de Dieu en Jésus-Christ brille dans les ténèbres de l'existence de l'humanité. Par lui, Dieu dresse sa tente parmi les humains, et y manifeste sa grâce, son salut :

> *Lui dont la condition était celle de Dieu, il n'a pas estimé comme une proie à arracher d'être égal avec Dieu, mais il s'est dépouillé lui-même, en prenant la condition d'esclave, en devenant semblable aux hommes ; après s'être trouvé dans la situation d'un homme, il s'est humilié lui-même en devenant obéissant jusqu'à la mort, la mort sur la croix. C'est pourquoi aussi Dieu l'a souverainement élevé et lui a donné le nom qui est au-dessus de tout nom, afin qu'au nom de Jésus tout genou fléchisse dans les cieux, sur la terre et sous la terre, et que toute langue confesse que Jésus-Christ est Seigneur, à la gloire de Dieu le Père.* (Ph 2.6-11)

La lumière brille dans les ténèbres, elle éclaire tout être humain.

Réflexion et action

1) À la faveur d'une culture populaire et d'une mentalité ambiante, on donne l'impression que Noël est la fête des enfants ou des cadeaux. Quelle découverte en faites-vous ?

2) Un chef religieux disait de l'humanité « qu'elle a longtemps cherché la vérité ailleurs, qu'elle s'est fabriquée de fausses certitudes, qu'elle s'est fiée aux idéologies fallacieuses ». Qu'est-ce que vous en pensez en rapport avec la manière dont les gens se comportent pendant la fête de Noël aujourd'hui ?

3) Dans un de ses albums, Daniel Sié Kambou disait : « Si pour toi Noël c'est la fête, pour moi Noël c'est Jésus dans mon cœur ». Quel écho une telle affirmation fait-elle retentir en vous ?

---

[21] Le pape Jean-Paul II (Informations RFI dont nous avons malheureusement oublié la date).

Chapitre IV

CES PRATIQUES QUE L'ON EXAGÈRE OU QUE L'ON IGNORE

*D*ans la vie des êtres humains, trois événements majeurs ne passent pas inaperçus : le mariage, la naissance et la mort. Les deux premiers procurent la joie, la troisième plonge dans la tristesse. On célèbre le mariage et la naissance, ici et là, de façons diverses et variées, selon les arrière-plans ou les contextes sociologique et religieux. Il en est de même de l'organisation de funérailles, quand la mort frappe dans une famille.

Chacun de ces événements est une particularité pour toutes les familles concernées, et requiert un sens de respectabilité et de responsabilité. Nous proposons d'étudier ces événements à la lumière des Écritures et d'apporter des exemples de leur déroulement dans le monde d'aujourd'hui.

1. Le mariage

Mais au commencement, quand Dieu a créé le monde, il a fait l'homme et la femme. C'est pourquoi l'homme quittera son père et sa mère pour vivre avec sa femme. Et les deux deviendront comme une seule personne. Ainsi, ils ne sont plus deux, mais ils sont comme une seule personne. (Mc 10.6-8)[1]

Depuis un certain temps, le mariage fait couler autant d'encre que de salive. On aime surtout en parler entre jeunes, et parfois on passionne le débat. Mais c'est une préoccupation désormais partagée par tout le monde. Le livre de Daniel Bourdanné intitulé *Trois mariages pour un couple* en parle de long

---

[1] La Bible Parole de Vie, en français fondamental.

en large. Il ne s'agit pas de revenir là-dessus, mais de passer en revue quelques pratiques relatives au mariage dans la Bible et dans le monde d'aujourd'hui, à commencer par le mariage d'Isaac (*cf.* Gn 24).

a) Le mariage d'Isaac

Le mariage d'Isaac était apparemment très expéditif. C'était en Mésopotamie, ville de Nahor ; là où Abraham envoya son serviteur qui fit le déplacement en prenant dix des chameaux de son maître et tous les biens à sa disposition (*cf.* Gn 24.10-11). La jeune fille s'appelait Rébecca, fille de Betouel, et petite fille de Milka et de Nahor, frère d'Abraham. *Elle était très belle et vierge, car aucun homme ne l'avait connue* (Gn 24.15). Le serviteur d'Abraham qui était convaincu que la chose venait de Dieu, *prit un anneau d'or, du poids d'un demi-sicle, et aux poignets deux bracelets de dix sicles d'or* (Gn 24.22, 47). Ce geste était comme une demande-main qui vaut son pesant d'or.

Par la suite, le serviteur d'Abraham demanda l'avis des parents de la jeune fille sur la question. Son oncle Laban et son père Betouel lui répondirent ainsi : *Cette affaire vient de l'Éternel, nous ne pouvons rien te dire pour ou contre. Rebecca est là devant toi ; prends (-la) et va, et qu'elle devienne la femme du fils de ton seigneur, comme l'Éternel l'a dit* (Gn 24.50-51). Sur ce, le serviteur d'Abraham se *prosterna en terre devant l'Éternel ; [puis il] sortit des objets d'argent, des objets d'or et des vêtements qu'il donna à Rebecca ; il fit aussi des largesses à son frère et à sa mère. Après quoi, lui et les gens qui l'accompagnaient mangèrent et burent, et ils passèrent la nuit* (Gn 24.52-54).

Comme la demande en mariage, la dot était considérable. L'une et l'autre n'étaient pas exigées des parents, mais étaient simplement données par le serviteur d'Abraham.

On le sait, la dot varie, tantôt d'un peuple à l'autre, tantôt d'une situation à l'autre. Par exemple, pour épouser Rachel, Jacob travailla deux fois sept ans au service de son oncle et beau-père Laban (*cf.* Gn 29.20, 30). Or, pour prendre Mikal en mariage, David dut payer à son beau-père Saül, une dot de cent prépuces des Philistins[2] (*cf.* 1 S 18.25, 27 ; 2 S 3.14). Chez un groupe de Bwaba[3] de l'ouest du Burkina Faso, le prétendant aidé de ses amis laboure les champs de son futur beau-père, puis la future mariée lui indique un montant qu'il verse à sa future belle-mère. Parfois, en plus du fait de labourer les champs

---

[2] David en a tué deux cents à cet effet (1 S 18.27).
[3] On parle des Bwaba ou du peuple bwa.

en question, ce sont plutôt deux jarres ou bidons de bière locale[4] que l'on exige du futur beau-fils. Chez une des composantes des Éwé de la région de la Volta[5] au Ghana voisin, c'est plus une question d'objets à amener que d'argent à verser. Pour l'essentiel, le prétendant apporte une valise bien garnie d'effets, plus un seau, une bassine, une natte, et un escabeau pour la future mariée, un cache-sexe de couleur rouge pour sa grand-mère, deux pièces d'étoffe locale de classe dont une pour sa mère et une pour son père, un mouchoir de tête pour celle-là, un parapluie pour celui-ci, plus une pipe[6] au cas où, des bouteilles[7] de boissons alcoolisées dont deux de schnaps et six de vin rouge et quelque sucrerie.

Au Niger, la dot officielle est de cinquante mille (50 000) F CFA, mais elle n'est guère suivie à la lettre. D'une famille de la future mariée à l'autre, on s'y prend à sa manière sans être inquiété. Au Tchad où, même le code de la famille n'existe pas encore, la dot n'est pas réglementée. Elle varie d'une région à l'autre, mais aussi d'une famille à l'autre à l'intérieur d'une même région. Il en est de même du Mali.

Mais le bon sens commande que l'on s'en tienne à l'essentiel : l'union de deux personnes qui s'aiment et avec elles celle de deux belles-familles, au lieu de compliquer les choses ou de vouloir ruiner le prétendant et sa famille avec lui.

Le fait que le serviteur d'Abraham et les gens qui l'accompagnaient mangèrent et burent, puis passèrent la nuit fait penser à la fête. Le matin, ils se levèrent, et le serviteur d'Abraham demanda qu'on le laisse repartir vers son seigneur. *Le frère et la mère lui dirent : Que la jeune fille reste avec nous quelque temps encore, une dizaine de jours ; ensuite, tu pourras partir. Il leur répondit : Ne me retardez pas, puisque l'Éternel a fait réussir mon voyage* (Gn 24.55-56). Alors ils appelèrent Rébecca et lui demandèrent : *Veux-tu aller avec cet homme ? Elle répondit : Oui.* Ils bénirent leur sœur et la laissèrent partir, elle et sa nourrice avec le serviteur d'Abraham et ses gens (*cf.* Gn 24.57-60). À leur arrivée dans le pays du Négueb, le serviteur d'Abraham raconta à Isaac tout ce qu'il avait fait. *Isaac conduisit Rébecca dans la tente de sa mère Sara. Il prit Rébecca qui devint sa femme, et il l'aima* (Gn 24.62-67).

---

[4] Référence faite au *dolo* ou au *tchapalo*.
[5] Référence faite au *volta region* (en anglais).
[6] Parfois, il est possible de donner la valeur monétaire du cache-sexe et de la pipe.
[7] Il s'agit de bouteilles dont le volume est d'un litre au moins.

Ce fut la lune de miel. Et le mariage fut consommé sans aucun coup de théâtre comme celui de Samson (*cf.* Jg 14.10-20).

b) Le mariage de Samson

Samson prit pour épouse une femme parmi les filles des Philistins. Le mariage eut lieu à Timna avec un festin qui dura sept jours. 30 compagnons furent choisis pour Samson. Celui-ci leur proposa alors une énigme à résoudre contre trente tuniques et trente vêtements de rechange s'ils la découvraient ; sinon à eux de les lui donner (*cf.* Jg 14.10-14). Pendant tout ce temps que durèrent les festivités, ils ne purent expliquer l'énigme. Ils menacèrent de brûler la jeune mariée et la maison de son père, si elle ne leur obtenait pas de Samson l'explication dans le délai. Alors elle pleura tellement à ses oreilles qu'il finit par lui révéler le secret ; secret qu'elle communiqua à son tour aux fils de son peuple. Et le septième jour, les gens de la ville expliquèrent à Samson son énigme (*cf.* Jg 14.15-18).

> *Alors l'Esprit de l'Éternel fondit sur lui, il se rendit à Askalon, y tua trente hommes, s'empara de leurs vêtements et donna les habits de rechange à ceux qui lui avaient révélé le sens de la devinette. Il rentra chez lui, bouillant de colère. On maria sa femme à celui de ses compagnons qui lui avait servi de garçon d'honneur.* (Jg 14.19-20)[8]

Le texte ne donne aucune idée sur l'existence ou non de la dot. On sait seulement que ce fut un drôle de mariage ; un mariage à l'issue duquel trente personnes furent massacrées et des rôles inversés : le garçon d'honneur devint le marié. Il n'en fut pas de même des noces de Cana (*cf.* Jn 2.1-11).

c) Les noces de Cana

Trois jours après avoir appelé ses premiers disciples, Jésus se rendit aux noces de Cana en Galilée où il était invité avec ses disciples. Marie, sa mère, était aussi présente (*cf.* Jn 2.1-2). Il convient de noter que le texte ne donne pas l'identité des mariés ni celle de l'organisateur du repas (*cf.* Jn 2.8-9). Quand le vin vint à manquer, la mère de Jésus le lui fit savoir, et somma les serviteurs de se mettre à sa disposition au cas où… Et Jésus transforma l'eau en vin, du bon vin, tout en reconnaissant que son heure n'était pas encore venue. Ce fut

---

[8] La Bible Semeur 2000.

là le premier de ses miracles, *il manifesta sa gloire, et ses disciples crurent en lui* (Jn 2.3-11).

Qu'il s'agisse du mariage d'Isaac, de Samson ou des noces de Cana, c'est dans la famille que les cérémonies se sont déroulées en une seule fois. Il n'a jamais été question de trois mariages pour un seul et même couple (mariage en famille, puis à la mairie et au temple) comme c'est la plupart des cas aujourd'hui.

d) Le mariage aujourd'hui

Aujourd'hui, le processus qui conduit au mariage varie. Sans rien exagérer, il convient de souligner que de la demande en mariage en passant par la dot, il y a du chemin à faire. Un jeune chrétien qu'on appellera Stéphane n'a pas pu échapper à la règle. Il fit la rencontre d'une jeune chrétienne du nom de Stéphanie à Ouagadougou (Burkina Faso) où elle était chez son oncle Sylvain[9] pour des raisons d'études. Stéphane finit par tomber amoureux de Stéphanie dont il demanda la main plus tard auprès de son oncle. À cet effet, il fit amener divers objets de prix et une somme de soixante-quinze mille (75 000) F CFA.

Quand vint le moment de verser la dot, il délégua deux de ses amis (un musulman et un chrétien) qui résidaient à N'Djamena (Tchad), accompagnés de quelques membres de sa famille, pour y prendre des attaches avec la famille de la jeune fille. Ils faillirent être menés en bateau, car la belle-famille se demandait si l'objet de leur visite était d'apporter la demande-main. On leur donna comme l'impression que le geste qui fut fait à Ouagadougou ne comptait pas. Ils durent batailler fort pour amener la belle-famille à de meilleurs sentiments. Elle finit par se dire prête à recevoir la dot.

Les deux émissaires en rendirent compte à Stéphane qui reprit contact avec l'oncle de la jeune fille, pour être fixé sur ce qu'il fallait apporter à la belle-famille le moment venu. Il lui obtint du côté de N'Djamena les informations dont il avait besoin. Il s'organisa en conséquence et envoya le nécessaire à ses deux amis : divers objets de prix et une enveloppe contenant la somme de quatre cent mille (400 000 FCFA). Comme c'est la coutume à N'Djamena, un samedi matin, les émissaires et quelques membres de la famille de Stéphane

---

[9] Stéphane, Stéphanie et Sylvain sont des noms d'emprunt. Ces personnes sont toutes d'origine tchadienne. J'aurais pu exprimer ma reconnaissance à Stéphane, mais il ne pouvait malheureusement pas lire ces lignes, pour s'être éteint par suite d'un court malaise le 12 juillet 2012. *(…) L'Éternel a donné, et l'Éternel a ôté ; que le nom de l'Éternel soit béni !* (Jb 1.21).

apportèrent la dot à la belle-famille qui les reçut avec joie. Après les salutations d'usage, ils déposèrent les objets apportés sur la natte neuve prévue à cet effet. Par la suite, on les fit prendre place sur la natte en question, et on leur donna la parole pour dire ce pour quoi ils étaient venus. Ils le firent avec beaucoup de respect et courtoisie comme le veut la tradition, en ajoutant aux objets l'enveloppe avec son contenu.

Une personne mandatée par la belle-famille ouvrit l'enveloppe, compta l'argent qu'elle contenait et confirma le montant : quatre cent mille FCFA. Ils se concertèrent et dirent aux visiteurs qu'ils allaient retirer de la somme apportée cent mille FCFA ; le reste devant être complété jusqu'à un certain montant. Encore une fois, les émissaires ne se laissèrent pas faire, brandissant comme arme le fait que le montant de la dot qui s'élevait à quatre cent mille FCFA leur fut communiqué de leur part par l'oncle de la jeune fille. Ils refusèrent de se prêter au jeu qui consisterait à dire une chose et son contraire, à moins que l'oncle de la jeune fille leur ait menti. Ils firent tout leur possible pour obtenir des visiteurs qu'ils ne durent considérer que ce qu'ils leur demandèrent de faire. Rien n'y fit, car pour les visiteurs, ce serait bâtir le futur foyer sur du sable mouvant. Finalement, la belle-famille résolut de se contenter de l'enveloppe comme telle.

Stéphane et Stéphanie se marièrent à Ouagadougou. La cérémonie civile eut lieu à la mairie suivie de la bénédiction nuptiale au temple. Ils se réjouirent d'être mari et femme malgré les péripéties qui n'étaient plus que de bien mauvais souvenirs.

Comme on peut le constater, c'est un véritable parcours du combattant. Au Tchad, et singulièrement à N'Djamena, c'est à de pareilles scènes qu'on assiste presque chaque samedi, depuis plusieurs décennies, même si les choses varient d'une cérémonie à l'autre. Souvent, on trouve que c'est inconcevable de donner la petite sœur en mariage avant la grande sœur (*cf.* Gn 29.26). Alors on se réfère à la coutume ou on brandit la tradition pour émettre des réserves, pour faire trainer les choses ou pour opposer un refus catégorique à l'idée de laisser la cadette se marier avant l'aînée (*cf.* Gn 29.18-28).

Pour cette raison, un jeune pasteur a dû prendre son mal en patience à Niamey (Niger), en ce qu'avec son statut de cadette au moment des faits, sa femme lui a été donnée en mariage seulement après celui de sa sœur aînée.

Certes, on continue de se marier malgré tout, mais ces manières de faire constituent tout de même un blocage certain, au point où on prend parfois… des raccourcis. L'Église est de la sorte interpellée.

Dans ce monde, il y a un temps pour tout et un moment pour chaque chose : un temps pour contracter un mariage, et un temps pour donner naissance.

2. La naissance

Voici que des fils sont un héritage de l'Éternel, le fruit des entrailles est une récompense. Comme les flèches dans la main d'un héros, ainsi sont les fils de la jeunesse. Heureux l'homme qui en a rempli son carquois ! Ils n'auront pas honte, quand ils parleront avec des ennemis à la porte. (Ps 127.3-5)

Il se passe beaucoup de choses autour de la question des enfants. Quand on n'en a pas, le climat se dégrade au foyer : on se soupçonne ou s'accuse mutuellement d'en être l'un ou l'autre responsable. Parfois c'est le couple qui est mis sous tension parce que l'environnement fait pression. Et l'alternative qu'on propose souvent, c'est la polygamie ou le divorce, alors qu'on aurait pu opter pour l'adoption d'enfants.

a) L'adoption

Et vous n'avez pas reçu un esprit de servitude, pour être encore dans la crainte, mais vous avez reçu un Esprit d'adoption, par lequel nous crions : Abba ! Père ! L'Esprit lui-même rend témoignage à notre esprit que nous sommes enfants de Dieu. Or, si nous sommes enfants, nous sommes aussi héritiers : héritiers de Dieu, et cohéritiers de Christ, si toutefois nous souffrons avec lui, afin d'être aussi glorifiés avec lui. (Rm 8.15-17 ; *cf.* Ga 4.4-6)

Sachant que les croyants sont enfants de Dieu par adoption, on s'attend à ce qu'ils imitent Dieu en adoptant à leur tour des enfants en situation, leur donnant ainsi le privilège de pouvoir être entourés et accompagnés, de jouir de l'affection et de l'attention, de bénéficier d'une éducation soutenue et suivie. Une telle perspective est aussi valable pour des croyants qui peuvent avoir des enfants biologiques. Au lieu d'en faire quatre ou plus, ils peuvent intentionnellement se limiter à deux ou trois enfants génétiques, et en adopter un ou deux en situation à qui ils auraient de la sorte rendus un précieux service, à la gloire de Dieu le Père de l'adoption.

– Le privilège d'adopter

L'adoption est un privilège. L'expérience montre qu'il peut être plus difficile de recueillir des enfants âgés de plus de trois ans, car ils peuvent déjà avoir un lourd passé et avoir plus de mal à s'adapter à leur nouvelle famille, mais il arrive aussi qu'ils surprennent agréablement la nouvelle famille. D'aucuns, aimables et serviables, font la joie de leurs parents adoptifs et donnent gloire à Dieu. On se souvient qu'au IIIe siècle à Rome, sous l'empereur Claude II le Gothique, et d'après un article paru en 1876, c'était grâce à Julia, l'aveugle fille adoptive d'Astérius le geôlier que ce dernier délivra les chrétiens qu'il tenait prisonniers, et se fit baptiser avec toute sa famille de quarante-six (46) personnes. Car elle venait de recouvrer miraculeusement la vue, en réponse à la prière d'un prêtre du nom de Valentin alors mis aux arrêts, et qui s'était lié d'amitié avec elle pendant sa captivité[10]. Cette histoire se rapproche de celle de Luther :

> Alors qu'il était sur le point d'abandonner ses études, pour prendre un travail manuel, une dame aisée, Madame Ursule Cota, impressionnée par ses prières à l'église et émue par l'humilité avec laquelle il recevait les restes de repas qu'on lui donnait à sa porte, l'accueillit au sein de sa famille. Pour la première fois Luther découvrit ce qu'était l'abondance. Des années plus tard, il parlait d'Eisenach comme de « la ville bien-aimée ». Lorsque Luther fut devenu célèbre, l'un des enfants de la famille Cota alla faire des études à Wittenberg, où Luther l'accueillit chez lui. Pendant son séjour chez Madame Cota, sa tendre mère adoptive, Martin fit des progrès très rapides et reçut une solide instruction… Martin était plus sérieux et plus pieux que les autres enfants de son âge. C'est en pensant à cela que Madame Cota, à l'heure de sa mort, dit que Dieu avait béni son foyer à partir du jour où Luther y était entré[11].

Au Tchad, et plus précisément à Bongor, un jeune écolier qui menait une vie dure, rentrait pratiquement chaque jour après les cours avec ses amis chez eux pour y passer la journée avant de s'en aller. La mère de la famille s'en étant rendu compte, se renseigna auprès de ses enfants qui lui dirent que les parents de leur compagnon avaient de la peine à le prendre en charge. Alors elle le

---

[10] Linternaute, « Saint Valentin 2019 : tout savoir sur les origines de cette fête », http://www.linternaute.com/savoir/dossier/06/saint-valentin/personnage.shtml, Consulté le 9 juillet 2009.
[11] Orlando BOYER, « Martin Luther, Le grand réformateur », *Les héros de la foi*, Nîmes, Vida, 2013, p. 24.

recueillit chez elle et l'adopta. Le jeune écolier apprit la langue maternelle de sa nouvelle famille et réussit à la parler couramment. Par la suite, il mit tout en œuvre pour apprendre la sienne à toute cette famille qui finit elle aussi par la parler couramment. Devenu un agent technique d'agriculture, il acquit un terrain et y bâtit une maison pour sa mère adoptive.

– *Le prix à payer*

Par contre, d'autres enfants adoptifs peuvent faire une crise d'identité et vivre comme une tension intérieure : ils peinent à se reconnaître comme étant des membres à part entière de la nouvelle famille, ils se portent beaucoup plus vers l'extérieur, ils sont peu discrets, ils trahissent assez facilement, ils veulent savoir tout ce qu'on dit parce qu'ils pensent qu'on parle d'eux, ils paraissent revendiquer pratiquement tout et ne semblent être presque satisfaits de rien ; ce qu'on donne aux autres paraît toujours plus ou meilleur à leurs yeux que ce qu'on leur donne, ils gâtent et gaspillent des choses à la maison comme ils peuvent parce qu'ils pensent que cela ne leur appartient pas ; ils sont très peu patients, ils entretiennent souvent des relations tendues avec d'autres enfants de la maison, etc. Certes, les choses ne sont pas toujours faciles. L'adoption a parfois un prix à payer. Mais il ne peut en être autrement, car notre adoption a dû coûter à Dieu, et la vie de son Fils unique Jésus-Christ (*cf.* Rm 5.8 ; 8.32), et le don de son Saint-Esprit (*cf.* Rm 8.15 ; Ga 4.6).

b) Le genre en question

Dans certaines sociétés africaines, quand on a des enfants de sexe masculin et féminin, ça va encore. Mais quand on a que des garçons ou des filles, c'est un autre problème que la femme seule en pâtit sans personne pour la défendre. On pense que c'est elle qui est responsable, bien que la science démontre que c'est plutôt l'homme qui détermine le sexe de l'enfant. Les chromosomes sont du type xx chez la femme et du type xy chez l'homme ; de sorte que l'enfant né de la rencontre du x de l'homme et du x de la femme est de sexe féminin, et l'enfant né de la rencontre du y de l'homme et du x de la femme est de sexe masculin. En cela, des hommes doivent présenter des excuses à des femmes, même si depuis les années 2000, il paraît qu'il existe aussi des femmes xy et des hommes xx.

c) La joie, le nom et la circoncision

Dans l'Ancien Testament comme dans le Nouveau Testament, la naissance d'un enfant était pour la famille un sujet de joie et d'allégresse. Des noms étaient donnés aux enfants avant la naissance, à la naissance, lors de la circoncision ou plus tard, en raison des circonstances et autres souvenirs, par le père (cf. Gn 4.26 ; 5.28-29) ou par la mère (cf. Gn 4.25 ; 19.37-38) ou encore par les deux parents à la fois (cf. Gn 35.16-18), par les voisins ou par les voisines (cf. Rt 4.17 ; Lc 1.58-59), de la part de l'ange de l'Éternel[12] (cf. Gn 16.11, 15 ; Mt 1.21 et Lc 1.31 ; Lc 1.13, 60, 63) ou de la part de l'Éternel lui-même (cf. Gn 17.19, 21 ; 21.2-3), etc. La circoncision de l'enfant mâle intervenait huit jours après sa naissance (cf. Gn 17.12 ; 21.4 ; Lc 1.59 ; 2.21), même si celle d'Abraham eut lieu à 99 ans (cf. Gn 17.24) le même jour avec celle de son fils Ismaël à 13 ans (cf. Gn 17.25-26).

Aujourd'hui, la naissance d'un enfant continue de faire la joie de la famille, que l'on soit croyant ou non croyant. C'est un événement qui se prépare diversement. À cet effet, il arrive que l'on fasse comme à la manière des Occidentaux en mettant des couleurs en relief : les choses sont en bleu quand l'enfant qui vient est de sexe masculin et en rose quand il est de sexe féminin. Des noms sont donnés aux enfants comme dans l'Ancien Testament et dans le Nouveau Testament, sauf pour les enfants non désirés à qui l'on donne le nom d'un oncle maternel ou de quelqu'un d'autre. On les circoncit à loisir : à la naissance, le huitième jour ou longtemps après, individuellement ou en groupe, avec ou sans rites religieux ou traditionnels.

Dans le contexte musulman, c'est quarante jours plus tard, à la faveur d'une cérémonie organisée avec faste par la famille, qu'après avoir consulté le Coran, l'imam ou le marabout donne religieusement le nom à l'enfant. La circoncision se fait plus tard, en groupe, suivant des rites religieux et constitue une autre occasion de fête.

On dit souvent que la vie est comme un voyage : la naissance est le départ et la mort l'arrivée. Tandis que ce départ est célébré avec beaucoup de joie à travers une fête, cette arrivée est déplorée avec beaucoup de douleur à travers des funérailles.

---

[12] Dans l'Ancien Testament, l'ange de l'Éternel est parfois confondu à l'Éternel lui-même.

3. Les funérailles

Abraham atteignit l'âge de cent soixante-quinze ans, puis il rendit son dernier soupir. Il mourut au terme d'une heureuse vieillesse, âgé et comblé, et rejoignit ses ancêtres. Ses fils Isaac et Ismaël l'enterrèrent dans la caverne de Makpéla, dans le terrain d'Ephrôn, fils de Tsohar, le Hittite, qui se trouve vis-à-vis de Manré, ce champ qu'Abraham avait acheté aux Hittites. Abraham fut enterré là à côté de sa femme Sara. (Gn 25.7-10)[13]

a) Des exemples à suivre ou à ne pas suivre

Il n'est pas rare de voir des gens se tirailler lors de funérailles, parfois pour des futilités. Or, Isaac et Ismaël, qu'on savait être deux frères ennemis, démontrèrent tout à fait le contraire. Ils prirent de la hauteur et firent preuve de maturité, s'entraidant contre toute attente et enterrant dignement leur père Abraham (*cf.* Gn 25.9). Deux autres frères ennemis firent pratiquement la même chose plus tard : Esaü et Jacob qui venaient de se réconcilier (*cf.* Gn 33.1-4) se mirent ensemble et ensevelirent leur père Isaac (*cf.* Gn 35.29).

L'exemple de ces frères ennemis frappe d'admiration et mérite de faire école. Or, dans la plupart des cas, c'est plutôt le contraire qui se passe : tantôt on se chamaille au niveau de la famille éplorée en formant parfois deux blocs opposés, tantôt l'église locale du défunt[14] et la famille endeuillée se disputent le corps comme des charognards, tantôt on se livre à l'extravagance à la faveur de dépenses folles et choses semblables, etc. On gaspille énormément de temps, d'énergie, d'argent et de biens matériels lors de funérailles. On enterre facilement et inutilement des fortunes : caveau simple ou carrelé, cercueil de luxe, vêtements d'apparat, objets précieux, dalle simple ou double, etc. Il arrive que la configuration de la tombe occasionne aussi des dépenses exorbitantes : briques cuites ou en parpaing, ciment, fer, dalle, carreaux, marbre, etc. Et on

---

[13] La Bible Semeur 2000 ; voir aussi Gn 35.27-29.

[14] D'après Alastair M. KENNEDY, *L'Église hier et aujourd'hui*, Abidjan, PBA, 1997, p. 102, si le défunt a exprimé le désir d'avoir des funérailles (à la manière des chrétiens), on doit rendre public ce désir et encourager la famille non croyante à respecter les désirs du défunt au lieu de diriger elle-même les funérailles. On s'attend à ce que le pasteur soit présent pendant la veillée et qu'il préside les funérailles. Le but d'un enterrement (à la manière des chrétiens) n'est pas principalement d'honorer le défunt, mais plutôt le Seigneur qui l'a sauvé. Le but n'est pas non plus d'exprimer le chagrin causé par la perte du frère décédé, mais de proclamer la victoire de Christ, et de profiter de l'occasion donnée par le frère qui a quitté ce monde, par le témoignage de l'église, d'appeler les inconvertis à la vie éternelle en Christ.

croit vouloir prouver de la sorte son amour pour le défunt et son attachement à la famille en situation. Pourtant, en pareilles circonstances, il est bon de privilégier la consolation mutuelle des afflictions, la réconciliation des cœurs brisés et la prise en compte de la famille du défunt.

– De la mort d'une épouse

Un autre fait qui ne manque pas de heurter la conscience populaire, c'est qu'en pays mbai (Tchad), par exemple, les beaux-parents arrachent littéralement la dépouille de la défunte à quelqu'un qui vient à perdre sa femme. Ils s'en vont par la suite organiser les funérailles chez eux avec toutes les dépenses qui s'imposent au grand dam du très désormais veuf. Une fois l'enterrement fait, on lui présente une addition parfois bien salée qu'il paie pour ne pas manquer à l'honneur. Initialement, c'était aux yeux de la tradition quelque chose de symbolique ; la somme due était de cinq cents à six mille FCFA ; mais tel n'est plus le cas de nos jours. Parfois, le montant exigé est de cinq mille FCFA multipliés par le nombre d'enfants vivants que la défunte laisse derrière elle. Il convient de souligner tout de même qu'en dehors de ce qui se faisait initialement, l'ardoise peut être revue à la baisse à la faveur du plaidoyer que l'on fait du côté du mari. Et l'on finit par s'entendre malgré tout. Mais si le mari n'honorait pas la somme due, les enfants lui étaient arrachés en contrepartie, leurs oncles maternels s'en accaparaient purement et simplement. Au cas où la défunte n'était pas dotée ou ne l'était que partiellement, la belle-famille enfermait la dépouille ou le mari et plaçait les parents de ce dernier au soleil jusqu'à ce qu'elle obtienne satisfaction. Il faut noter que la tradition fait du benjamin de la famille une propriété de la femme, au-delà de toute autre considération. Ainsi, lorsqu'elle meurt, cet enfant revient aux oncles maternels.

– De la mort d'un époux

Par contre quand une femme venait à perdre son mari, une fois les funérailles terminées, les beaux-parents s'arrogeaient le droit de vider littéralement la maison du défunt de tous les biens, en laissant pratiquement la veuve dans le dénuement, sans personne pour la défendre. On ajoute ainsi à la perte de son mari le dépouillement brutal de toutes les possessions qu'ils ont acquises avec beaucoup de sacrifice des années durant. Parfois, on lui retire le lit conjugal et le remplace par un autre. Heureusement que *le père des orphelins, le défenseur des veuves, c'est Dieu dans sa sainte résidence* (Ps 68.6).

On peut trouver des éléments indicatifs concernant les funérailles aussi bien dans l'Ancien Testament que dans le Nouveau Testament.

b) Les funérailles dans l'Ancien Testament

On ne trouve ni directives précises ni précédents certains dans l'Ancien Testament en ce qui concerne l'organisation des funérailles. On peut seulement se faire une idée de ce qu'il dit de l'expérience particulière du peuple d'Israël lors des funérailles de Jacob (Gn 50.1-13), d'Aaron (Nb 20.22-29) et de Moïse (Dt 34.1-8).

– Les funérailles de Jacob

Lorsque Jacob eut achevé de donner ses ordres à ses fils, il se remit au lit, il expira et fut réuni à ses ancêtres décédés (Gn 49.33). À ce sujet, on trouve dans Genèse 50.1-13 quelque éclairage allant du traitement du corps en passant par la mise en bière et l'organisation des funérailles jusqu'à la mise en terre. Mais c'est plus une description qu'une prescription.

Joseph se jeta sur le visage de son père, pleura sur lui et lui donna un baiser (Gn 50.1)[15]. Le corps fut embaumé pendant quarante jours, temps nécessaire pour embaumer un corps selon Genèse 50.3. Les Égyptiens firent leur deuil pendant soixante-dix jours, probablement selon leur coutume. Au terme de ces jours de deuil, un cortège très important, peut-être dû au rang de Joseph, s'ébranla du pays de Gochên à l'aire d'Atad. Il nous est dit que les funérailles furent *grandes et imposantes*, et que *Joseph fit en l'honneur de son père un deuil de sept jours* (Gn 50.10). Nous prenons note que Jacob avait donné des instructions particulières à ses fils concernant l'endroit où il souhaitait être enseveli (Gn 49.29-33). Ses souhaits furent respectés par ses fils et son corps fut emmené à Canaan où il fut enterré.

De bout en bout les rituels concernant les funérailles varient. D'ailleurs, tout ce que fit Joseph à l'honneur de son père n'était qu'un témoignage de l'expérience particulière d'Israël à un moment donné. Il n'en fut pas de même

---

[15] D'après la loi intervenue plus tard en Israël, tout contact d'une personne avec un mort la rendait impure pendant sept jours (*cf.* Nb 19.11-22). Cependant, *un sacrificateur ne se rendra pas impur parmi son peuple pour un mort, excepté pour ses plus proches parents, pour sa mère, pour son père, pour son fils, pour sa fille, pour son frère et aussi pour sa soeur encore vierge, qui le touche de près lorsqu'elle n'est pas mariée ; pour elle il se rendra impur* (Lv 21.2-3). *Mais le sacrificateur qui a la supériorité sur ses frères, sur la tête duquel a été répandue l'huile d'onction et qui a été investi et revêtu des vêtements sacrés [...] n'ira vers aucun mort ; il ne se rendra pas impur, ni pour son père, ni pour sa mère* (Lv 21.10-11).

dans le cas du sacrificateur Aaron (*cf.* Nb 20.27-29) ni dans celui de son jeune frère Moïse (*cf.* Dt 34.5-8).

– *Les funérailles d'Aaron et de Moïse*

Moïse fit comme l'Éternel l'avait ordonné. Ils montèrent sur la montagne de Hor, aux yeux de toute la communauté. Moïse dépouilla Aaron de ses vêtements et en revêtit son fils Éléazar. Aaron mourut là, au sommet de la montagne. Moïse et Éléazar descendirent de la montagne. Toute la communauté vit qu'Aaron avait expiré, et toute la maison d'Israël pleura Aaron pendant trente jours. (Nb 20.27-29)

L'Éternel désapprouva Aaron pour lui avoir été infidèle au milieu des Israélites près des eaux de Meriba à Qadech dans le désert de Tsin (*cf.* Nb 20.24). L'Éternel lui refusa l'entrée dans le pays que l'Éternel donna aux Israélites. Comme nous le lisons plus haut, Aaron mourut à la montagne de Hor et fut recueilli auprès de son peuple.

Quant à son jeune frère Moïse, que l'Éternel désapprouva également pour les mêmes raisons, l'Éternel le fit monter sur le mont Nébo au sommet du Pisga vis-à-vis de Jéricho. Il lui montra le pays promis, dans lequel, comme Aaron, Moïse ne pourrait pas entrer. Puis Moïse mourut là, dans le pays de Moab, selon l'ordre de l'Éternel qui l'ensevelit lui-même, sans que personne ne connût son tombeau. Comme son grand frère Aaron, les Israélites le pleurèrent pendant trente jours (*cf.* Dt 34.1-8).

Or, la Bible ne dit pas grand-chose au sujet de Joseph qui *mourut, âgé de 110 ans. On l'embauma et on le mit dans un sarcophage en Égypte* (Gn 50.26). Mais lorsque les temps furent accomplis et que *les Israélites montèrent tout équipés hors du pays d'Égypte, Moïse prit avec lui les ossements de Joseph ; car Joseph avait fait jurer les fils d'Israël en disant : Certes, Dieu vous visitera, et vous ferez remonter mes ossements avec vous loin d'ici* (Ex 13.18-19). On n'y trouve aucune mention relative à ses funérailles. Mais en raison de son testament et du serment qu'il fit prêter aux fils d'Israël (*cf.* Gn 50.24-25), *les os de Joseph, que les Israélites avaient fait monter d'Égypte, furent enterrés à Sichem, dans la pièce de terre que Jacob avait achetée des fils de Hamor…* (Jos 24.32).

La Bible ne fait non plus une mention concernant les funérailles de Josué, fils de Noun, serviteur de l'Éternel qui mourut également à l'âge de cent dix ans, mais elle rapporte tout de même qu'il fut enseveli *dans le territoire de son héritage à Timnath-Sérah, dans les monts d'Éphraïm, au nord de la montagne de Gaasch* (Jos 24.29-30).

Tous les cas ainsi cités en exemple diffèrent l'un de l'autre, qu'il s'agisse des funérailles ou des enterrements, à l'exception de chacun des deux frères Aaron et Moïse dont on pleura la mort pendant trente jours. De la même manière, les choses varient d'un mort à l'autre dans le Nouveau Testament.

c) Les funérailles dans le Nouveau Testament

Comme l'Ancien Testament, le Nouveau Testament ne donne aucune directive précise ni ne laisse aucun précédent certain en ce qui concerne l'organisation de funérailles. On peut seulement se faire une idée de ce qu'il dit de ce qui s'était passé à l'occasion de la mort de Lazare, le frère de Marthe et de Marie, l'ami de Jésus (*cf.* Jn 11.11-14, 17, 19, 33-44) et de celle de Jésus lui-même (*cf.* Lc 23.50-56 ; Jn 19.38-42).

– *Les funérailles de Lazare*

> *Après ces paroles, il leur dit : Lazare, notre ami, s'est endormi, mais je pars pour le réveiller. Les disciples lui dirent : Seigneur, s'il s'est endormi, il sera sauvé. Jésus avait parlé de sa mort, mais eux pensèrent qu'il parlait de l'assoupissement du sommeil. Alors, Jésus leur dit ouvertement : Lazare est mort.* (Jn 11.11-14)

Sur ces entrefaites, Jésus et ses disciples se mirent en route pour Béthanie. *À son arrivée, Jésus trouva que Lazare était déjà, depuis quatre jours, dans le tombeau* (Jn 11.17). Le texte se tait sur la manière dont la cérémonie de mise en terre s'est déroulée. Mais il rend des Juifs le témoignage qu'ils étaient venus nombreux vers Marthe et Marie pour les accompagner dans leur deuil et leur apporter du réconfort (*cf.* Jn 11.19). Il est dit de Jésus qu'en voyant Marie et les Juifs pleurer, il *fut profondément bouleversé en son for intérieur et ne put dominer son émotion* (Jn 11.33)[16].

Jésus invoqua le Père afin que les autres croient, et Lazarre fut ressuscité d'entre les morts (Jn 11.41-44). Le texte nous donne seulement une indication dans le dernier verset quant à la manière dont le corps de Lazarre a été traité : *Et le mort sortit, les pieds et les mains liés de bandelettes, et le visage enveloppé d'un linge.* Or, quand le Fils de l'homme lui-même, *venu non pour être servi mais pour servir et donner sa vie en rançon pour beaucoup* (Mc 10.44) est mort sur la croix, il n'avait même pas eu droit à des funérailles !

---

[16] Parole Vivante.

– Les funérailles de Jésus

À la mort de Jésus, un membre du conseil, du nom de Joseph d'Arimathée, demanda à Pilate le corps de Jésus (cf. Lc 23.50-53). Il fut rejoint par Nicodème qui :

> apporta un mélange d'environ cent livres de myrrhe et d'aloès. Ils prirent donc le corps de Jésus et l'enveloppèrent de bandelettes, avec les aromates, comme c'était la coutume d'ensevelir chez les Juifs. Or, il y avait un jardin à l'endroit où il avait été crucifié, et dans le jardin, un tombeau neuf où personne encore n'avait été déposé. Ce fut là qu'ils déposèrent Jésus, à cause de la préparation des Juifs, parce que le tombeau était proche. (Jn 19.39-42)

> C'était le vendredi, avant le début du sabbat. Les femmes qui avaient accompagné Jésus depuis la Galilée suivirent Joseph, elles regardèrent le tombeau et notèrent comment le corps de Jésus fut déposé. Ensuite elles retournèrent chez elles et préparèrent le jour du sabbat dans le silence et le repos, comme la Loi le prescrit.(Lc 23.54-56)[17]

Ces femmes d'autrefois étaient courageuses et d'une attitude louable. Très attachées à Jésus, elles étaient profondément touchées par sa mort, au point de suivre Joseph et Nicodème jusqu'à la mise en terre du mort. Mais elles n'en restaient pas là. Elles étaient aussi capables à ce moment-là de s'occuper d'autres choses, des activités religieuses. *Pendant le sabbat, elles observèrent le repos, selon le commandement* (Lc 23.56). Les femmes de maintenant ne peuvent que se sentir interpellées par les actes que celles d'autrefois avaient ainsi posés et se déterminer à suivre un tel exemple. Des actes qu'on gagnerait à mettre à profit pour les funérailles aujourd'hui.

d) Les funérailles aujourd'hui

Aujourd'hui, les funérailles sont parfois organisées en puisant aussi bien dans l'arrière-plan traditionnel que dans l'héritage catholique, dans l'influence musulmane, dans la confession évangélique, etc.

La relation de l'Africain, même chrétien, avec la mort est encore fortement influencée par les croyances ancestrales de la possible réincarnation des morts, de leur influence sur les vivants par la

---

[17] Parole vivante.

médiation avec les esprits. Cette conception justifie les multiples rituels mortuaires lors des funérailles. Or, il est question d'arrimer notre compréhension de la condition des morts avec la Parole afin de prendre une distance critique par rapport aux rites funéraires et vivre de façon conséquente[18].

Dans des pays de l'Afrique de l'Ouest comme la Côte d'Ivoire et le Ghana, certains peuples gardent le mort à la morgue pendant trente à quarante jours, le temps pour la famille (de l'intérieur du pays et de l'étranger) de se concerter. On mobilise des fonds, on remet à neuf toute la maison du défunt, on coud la tenue de deuil qu'on dit à défaut au Tchad être d'honneur, on apprête le caveau ou le tombeau. C'est au terme des trente ou quarante jours qu'on organise la veillée funèbre en pompe, même si les pleurs se mêlent parfois aux chants et cantiques de louange ou à la musique traditionnelle et/ou moderne. Et au lendemain, après un coup de théâtre pudiquement appelé visite de corps avec dépôt de divers linceuls et de gerbes de fleurs à la manière des Occidentaux, on procède enfin à l'enterrement au lieu de résidence[19] du défunt ou dans son village.

En Afrique centrale, c'est au Cameroun qu'on trouve des peuples qui en font autant sinon pire, parce qu'ils adorent même des crânes humains. Au Tchad et singulièrement à N'Djamena où des gens peinent à se rendre visite ou à se rencontrer, funérailles et enterrements sont pour eux des retrouvailles en or. Tandis que les uns sont en larmes[20], les autres en profitent pour échanger ou pour faire des affaires. La famille endeuillée s'endette et se ruine comme elle peut pour faire face aux charges inhérentes à ces événements, or c'est l'occasion rêvée pour des gens qui trouvent difficilement à manger de faire bonne chère.

Comme nous l'avons vu, les traditions pour les funérailles varient considérablement selon les pays et les religions. Réfléchissons maintenant au fait de porter un deuil et de se recueillir.

---

[18] Michel KENMOGNE, « Avoir une saine perspective de la mort et de la fin », dans *Le Lecteur de la Bible*, 2016, p. 174.

[19] Parfois son lieu de résidence pouvait n'être que son village.

[20] Pour Alastair M. KENNEDY, *L'Église hier et aujourd'hui*, Abidjan, PBA, 1997, p. 146, pendant les temps de deuil, il nous faut démontrer que les chrétiens ne s'affligent pas *comme les autres qui n'ont point d'espérance*, parce que nous croyons que *Dieu ramènera par Jésus et avec lui ceux qui sont morts* (1 Th 4.13-14).

4. Le deuil et le recueillement

Presque tous les jours, l'être humain fait face à des réflexes qui lui collent facilement à la peau. Certains sont des gestes ou des actes que l'on pose ; par exemple : observer une minute de silence. D'autres sont des paroles que l'on prononce souvent de façon mécanique : Paix à son âme, va en paix, que ton âme repose en paix, que la terre te soit légère, etc. C'est pourquoi on doit considérer attentivement en quoi consiste le fait de faire ou de porter le deuil de l'autre.

a) Une manière de faire ou de porter le deuil de l'autre

Alors Juda dit à sa belle-fille Tamar : Reste veuve dans la maison de ton père, jusqu'à ce que mon fils Chéla soit grand. Car il (se) disait : Celui-là aussi va mourir comme ses frères[21]. Tamar s'en alla et resta dans la maison de son père. Bien des jours s'écoulèrent, et la fille de Choua, femme de Juda, mourut. Lorsque Juda fut consolé, il monta à Timna, vers ceux qui tondaient son petit bétail, lui et son ami Hira, l'Adoullamite. On le rapporta à Tamar, en disant : Voici ton beau-père qui monte à Timna, pour tondre son petit bétail. Alors elle retira ses habits de veuve, elle se couvrit d'un voile (dont) elle s'enveloppa et s'assit à l'entrée d'Enaïm, sur le chemin de Timna... (Gn 38.11-14)

Dans ce passage, le beau-père faisait le deuil de sa femme et la belle-fille portait le deuil de son mari, comme cela se faisait et continue de se faire dans certaines sociétés en Afrique subsaharienne. Au terme de ce deuil on est libre de vaquer à ses occupations comme il faut et de se remarier comme on peut (*cf.* 2 S 11.26-27). Pour sa part, consolé, Juda reprit du service. Il monta à Timna en compagnie de son ami vers ceux qui tondaient son petit bétail. Le sachant, Tamar, qui avait beau attendre d'être elle-même consolée, retira ses habits de veuve, se couvrit d'un voile et s'assit à l'entrée d'Enaïm, sur le chemin de Timna, en passe de vendre son charme à son beau-père.

Dans la zone méridionale du Tchad et surtout en pays mbai, on fait le deuil de l'autre et on en porte les habits[22] pendant toute une année, comme le veut la coutume. Quarante jours après le décès, on fait en mémoire du mort une brève cérémonie qu'on dit être *le sacrifice amère*. À l'occasion, on arrange traditionnellement la tombe. Au terme d'une année, on célèbre en grande

---

[21] Lire Gn 38.6-10.
[22] Souvent, une seule tenue très simple ou des habits simples, de préférence de couleur noire.

pompe le retrait de deuil qu'on dit être *le sacrifice doux*. Alors on se débarrasse des habits de deuil et on est désormais libre de refaire sa vie. À ce moment-là ou plus tard après, on réfectionne la tombe, parfois sans lésiner sur les moyens à disposition.

Mais avant cette échéance, toute tentative du veuf ou de la veuve de se remarier, ou toute activité allant dans ce sens lui attire systématiquement les foudres de la société. On fait tout de go son procès, l'accusant d'être à l'origine de la mort de l'autre. De même, on considère comme maudit le proche parent qui ne fait pas le deuil de l'autre comme il faut ou qui n'en porte pas les habits, sous prétexte qu'il profane la mémoire de l'autre, que la mort de l'autre n'a pas du prix à ses yeux.

On sait qu'avec l'héritage catholique, certains font un tour au cimetière le 1er novembre de chaque année qui est la fête de Toussaint, pour déposer un bouquet de fleurs sur la tombe du défunt. Et quand c'est nécessaire, on ne manque pas non plus d'observer, en mémoire des uns et des autres, une minute de silence.

b) Une minute de silence

C'est un moment de recueillement, en hommage aux victimes d'une catastrophe ou en mémoire d'une personne disparue. Elle tient son nom de sa durée qui est traditionnellement d'une minute et son origine de la France, où pour la première fois, le 11 novembre 1919, on fêta le premier anniversaire de l'armistice de 1918. Elle s'est, par la suite, répandue dans de nombreux pays, puis pratiquement dans le monde entier.

Pour certaines catastrophes, ce recueillement peut être répercuté dans plusieurs pays. Dans le but de convenir d'une telle opération, on engage ce que l'on appelle dans le langage diplomatique, un protocole de silence. Les diplomates représentants les pays impliqués font des propositions jusqu'à éventuellement arriver à un accord. Ce fut notamment le cas pour convenir de la date de la minute de silence consécutive aux attentats du 7 juillet 2005 à Londres. Deux minutes de silence furent observées à 13h dans les 25 pays de la Communauté Européenne, à la mémoire des victimes de ces attentats.

La minute de silence a été créée par la volonté de remplacer la prière traditionnelle dans des sociétés religieuses par une formule plus anodine, et compatible avec les religions diverses aussi bien qu'avec l'athéisme ou l'agnosticisme. En face d'une telle déviance, il convient de penser au sens premier de la minute de silence : la prière à la base de sa création.

Il ne s'agit pas d'initier une nouvelle pratique spirituelle qui consisterait à établir une minute de prière, pour entretenir la mémoire de certains événements ou pour intercéder en faveur des personnes qui ne sont plus, et pour lesquelles on ne peut assurément plus rien. On gagnerait plutôt à établir personnellement une minute de prière pour les vivants ! Consacrer au cœur de sa vie une minute de prière par jour pour une personne vivante, intercédant ainsi auprès de Dieu en sa faveur paraît plus sensé que de proclamer un temps de commémoration silencieuse après coup. Dans sa forme actuelle, une minute de silence est pareille à une prière ou à un vœu pieux pour rien.

c) Une prière ou un vœu pieux pour rien

Pour tous les vivants, il y a de l'espoir… En effet, les vivants savent qu'ils mourront, mais les morts ne savent rien du tout ; ils n'ont plus rien à gagner, ils sombrent dans l'oubli. Leurs amours, leurs haines, leurs désirs, se sont déjà évanouis. Ils n'auront plus jamais part à tout ce qui se fait sous le soleil. (Ec 9.4-6)[23]

Sur le continent noir, avec la tradition, l'héritage catholique et l'influence de l'islam, il n'est pas rare que l'on dise une messe pour le mort, que l'on formule une prière pour le mort, que l'on exprime un vœu pour le mort ou même que l'on s'adresse directement au mort[24]. À l'occasion, on entend dire ici et là : « Paix à son âme, va en paix, que ton/son âme repose en paix, que la terre te/lui soit légère, etc. »

Lorsque tu seras entré dans le pays que l'Éternel, ton Dieu, te donne, tu n'apprendras pas à imiter les pratiques abominables de ces nations-là. Qu'on ne trouve chez toi personne qui… interroge les morts. (Dt 18.9-11)[25]

On se souvient de ce que le roi Saül mourut par suite de l'infidélité dont il se rendit coupable envers l'Éternel. Il n'avait pas observé la parole de l'Éternel, mais avait interrogé pour les consulter ceux qui évoquent

---

[23] La Bible Semeur 2000.

[24] Souvent, c'est tout un poème que l'on déclame et lui dédie à l'occasion, comme s'il pouvait l'entendre, parfois par la bouche d'un jeune garçon ou d'une jeune fille, non sans peine.

[25] La Bible Segond 21, L'original, avec les mots d'aujourd'hui.

les morts. Il ne consulta pas l'Éternel ; (l'Éternel) le fit donc mourir...
(1 Ch 10.13-14 ; *cf.* 1 S 28.6-9)

Même si en Afrique, on croit et affirme avec la tradition que les morts ne sont pas morts[26], la Bible est on ne peut plus claire. Ici bas, chaque être humain est responsable de son avenir céleste (*cf.* Ez 18.20 ; Jn 3.16). Les morts n'ont plus rien à attendre ; ils disparaissent et avec eux ce qu'ils ont aimé, ce qu'ils ont détesté, et même leurs jalousies. Ils ne participent plus jamais à tout ce qui se passe ici-bas (*cf.* Ec 9.5-6)[27].

C'est donc un coup d'épée dans l'eau que la messe dite à l'occasion, les eaux de baptême par lesquelles l'on se fait passer, la prière que l'on fait ou le vœu pieux que l'on formule en leur faveur. Or, ce reflexe religieux colle tellement à la peau qu'il tient encore aujourd'hui neuf personnes sur dix, parfois sans qu'elles ne s'en rendent compte.

En son temps, l'apôtre Paul sut prendre aux mots ceux qui baptisaient ou qui se faisaient baptiser pour les morts, non pour leur donner raison mais pour les convaincre de la véracité de la résurrection des morts :*(...) S'il ne devait pas y avoir de résurrection, que signifierait la conduite de ceux qui se font baptiser pour des morts ? S'il est vrai que les morts ne ressuscitent jamais, pourquoi donc se ferait-on baptiser à leur place ? À quoi cela leur servirait-il ?* (1 Co 15.29)[28].

Désormais, une réforme à tous les niveaux s'avère nécessaire. On gagnerait à repenser ces pratiques, à en revoir copie, car c'est à ce prix qu'on pourrait se débarrasser de ces nombreux usages non-sens pour des actes plus sensés.

Interroger les morts est une horreur, une abomination devant Dieu. C'est une attitude qui frise l'idolâtrie et rend odieux à ses yeux. *Si l'on vous dit : Consultez ceux qui évoquent les morts et ceux qui prédisent l'avenir, qui chuchotent et marmonnent. Un peuple ne consultera-t-il pas son Dieu et (s'adressera-t-il) aux morts en faveur des vivants ?* (Es 8.19).

C'est seulement quand on a le mandat de le ressusciter, de lui ordonner de revenir à la vie, que parler au mort ou poser des actes allant dans ce sens devient possible.

---

[26] Même si en Afrique les morts ne sont pas morts, loin de finir de compter ses morts, l'Afrique ne cesse de pleurer ses morts. Sera-t-elle un jour délivrée de ces liens de la mort ou finira-t-elle par être elle-même emportée par la mort ?

[27] La Bible Parole de Vie, en français fondamental.

[28] Parole Vivante.

5. Les actes pour redonner la vie

Dans la Bible, nous trouvons plusieurs cas de résurrections. Le premier cas se trouve dans 1 Rois 17. Quand le prophète Élie fut alerté par la veuve de Sarepta de la mort de son fils, Élie le prit et monta dans la chambre haute où il habitait et le coucha sur son lit. Puis, après avoir invoqué l'Éternel, il s'étendit trois fois de tout son long sur l'enfant, et invoqua de nouveau l'Éternel qui l'entendit ; l'enfant reprit alors vie. Élie le prit, le descendit de la chambre haute dans la maison et le donna à sa mère qui s'exclama : *Maintenant je reconnais que tu es un homme de Dieu, et que la parole de l'Éternel dans ta bouche est vérité* (1 R 17.17-24).

De même, lorsque le fils de la Sunamite mourut, sa mère se rendit personnellement auprès du prophète Élisée sur le mont Carmel et lui annonça la nouvelle, l'amertume dans l'âme. L'homme de Dieu l'accompagna jusqu'à sa maison. Il y trouva le garçon mort, couché sur son lit.

> *Élisée entra et ferma la porte sur eux deux pour prier l'Éternel. Il monta et se coucha sur l'enfant ; il mit sa bouche sur sa bouche, ses yeux sur ses yeux, ses mains sur ses mains. Il resta courbé sur lui, et le corps de l'enfant se réchauffa. Élisée revint pour aller çà et là par la maison, puis remonta et se courba sur (l'enfant) ; alors le petit garçon éternua sept fois et ouvrit les yeux.* (2 R 4.18-35)

Dans les Évangiles, sur invitation d'un des chefs de la synagogue nommé Jaïrus, Jésus se rendit dans sa maison et vit qu'il y avait beaucoup d'agitation parmi les gens, car la fille de Jaïrus était morte. Cependant, Jésus affirme qu'elle n'est pas morte (v. 39), puis : *Il saisit l'enfant par la main et lui dit : Talitha koumi, ce qui se traduit : Jeune fille, lève-toi, je te le dis. Aussitôt la jeune fille se leva et se mit à marcher ; car elle avait douze ans* (Mc 5.39-42).

Jésus se rendait un autre jour dans une ville appelée Naïn :

> [Alors qu'il] *fut près de la porte de la ville, voici qu'on portait en terre un mort, fils unique de sa mère, qui était veuve ; et il y avait avec elle une foule considérable de la ville. Le Seigneur la vit, eut compassion d'elle et lui dit : Ne pleure pas ! Il s'approcha et toucha le cercueil. Il dit : Jeune homme, je te le dis, lève-toi ! Et le mort s'assit et se mit à parler. Jésus le rendit à sa mère. Tous furent saisis de crainte ; ils glorifiaient Dieu et disaient : Un grand prophète s'est levé parmi nous, et Dieu a visité son peuple.* (Lc 7.11-16)

Quatre jours après la mort de son ami Lazare, Jésus se rendit à Béthanie avec ses disciples auprès de la famille éplorée. Puis il alla au tombeau et après avoir fait ôter la pierre qui la fermait, il invoqua le Père et *cria d'une voix forte : Lazare, sors ! Et le mort sortit, les pieds et les mains liés de bandelettes, et le visage enveloppé d'un linge. Jésus leur dit : Déliez-le, et laissez-le aller. Plusieurs des Juifs venus chez Marie, qui avaient vu ce qu'il avait fait, crurent en lui* (Jn 11.43-45).

Plus tard, alors que Pierre parcourait toute la Judée, la Galilée et la Samarie et qu'il descendit aussi vers les saints qui habitaient à Lydda (*cf.* Ac 9.31-32), on l'envoya chercher de Jaffa où venait de mourir une femme du nom de Tabitha, ce qui se traduit Dorcas. Après l'avoir lavée, on la déposa dans une chambre haute.

> *Lorsqu'il [Pierre] fut arrivé, on le fit monter dans la chambre haute. Toutes les veuves s'approchèrent de lui en pleurant et lui montrèrent les tuniques et les manteaux que faisait Dorcas, lorsqu'elle était avec elles. Pierre mit dehors tout le monde, s'agenouilla et pria ; puis, il se tourna vers le corps et dit : Tabitha, lève-toi ! Alors elle ouvrit les yeux, et voyant Pierre, elle s'assit. Il lui donna la main et la fit lever. Il appela ensuite les saints et les veuves, et la leur présenta vivante. Cela fut connut de tout Jaffa, et beaucoup crurent au Seigneur.* (Ac 9.36-42)

Ces cas précis ne sont pas des actes pour rien. Ceux qui les ont posés en ont eu le mandat et le pouvoir. La preuve est que les morts en question sont revenus à la vie, Dieu en a été honoré et glorifié, des gens en sont arrivés à croire en lui. En partant de cette note positive on débouche sur le mot de la fin.

Le mot de la fin

En tant que peuple de Dieu, que l'on célèbre un mariage, que l'on fête une naissance ou que l'on organise des funérailles, on doit se démarquer de tout conformisme et de tout syncrétisme, marquant ainsi la différence. Notre identité d'enfants de Dieu ne doit souffrir d'aucune ambiguïté, et nos actes doivent nous distinguer de ceux qui ne suivent pas Jésus. C'est ainsi que nous montrons que Dieu est en marche avec nous.

On comprend aisément la préoccupation de Moïse quand il dit à Dieu :

> *Si tu ne marches pas toi-même (avec nous), ne nous fais pas monter d'ici. À quoi donc reconnaîtra-t-on que j'ai obtenu ta faveur, moi et ton peuple ? Ne sera-ce pas au fait que tu marcheras avec nous, et que*

nous serons distingués, moi et ton peuple, de tous les peuples qui sont à la surface de la terre ? (Ex 33.15-16)

Ainsi doit-il en être des enfants de Dieu en toutes choses et à tous les niveaux de la société. C'est pourquoi, comme pour enfoncer le clou, Jésus dit :

C'est vous qui êtes le sel de la terre. Mais si le sel devient fade avec quoi le salera-t-on ? Il n'est plus bon qu'à être jeté dehors et foulé aux pieds par les hommes. C'est vous qui êtes la lumière du monde. Une ville située sur une montagne ne peut être cachée. On n'allume pas une lampe pour la mettre sous le boisseau, mais on la met sur le chandelier, et elle brille pour tous ceux qui sont dans la maison. Que votre lumière brille ainsi devant les hommes, afin qu'ils voient vos œuvres bonnes, et glorifient votre Père qui est dans les cieux. (Mt 5.13-16)

De même, l'apôtre Paul dira plus tard :

Soit donc que vous mangiez, soit que vous buviez, et quoi que vous fassiez, faites tout pour la gloire de Dieu. Ne soyez une pierre d'achoppement ni pour les Grecs, ni pour les Juifs, ni pour l'Église de Dieu, comme moi aussi je me rends agréable en tout et à tous, cherchant non mon avantage, mais celui du plus grand nombre, afin qu'ils soient sauvés. (1 Co 10.31-33)

Réflexion et action

1) Les moments significatifs de la vie comme le mariage, la naissance et la mort ne passent pas inaperçus. Comment ces événements sont-ils célébrés dans votre culture ?

2) Quand on n'a pas d'enfant, le climat se dégrade au foyer : on se soupçonne ou s'accuse mutuellement d'en être l'un ou l'autre responsable. Quelles peuvent en être les réponses chrétiennes ?

3) Depuis un certain temps, la manière dont on célèbre un mariage, on fête une naissance ou on organise des funérailles se prête étrangement au conformisme et au syncrétisme. Comment un tel défi peut-il être relevé dans votre église ou assemblée locale ?

Chapitre V

DES MUTATIONS ET LEURS IMPLICATIONS POUR LA MISSION

Sache que, dans les derniers jours, surgiront des temps difficiles. Car les hommes seront égoïstes, amis de l'argent, fanfarons, orgueilleux, blasphémateurs, rebelles à leurs parents, ingrats, sacrilèges, insensibles, implacables, calomniateurs, sans frein, cruels, ennemis des gens de bien, traîtres, impulsifs, enflés d'orgueil, aimant le plaisir plus que Dieu ; ils garderont la forme extérieure de la piété, mais ils en renieront la puissance. Eloigne-toi de ces hommes-là. (2 Tm 3.1-5 ; *cf.* Rm 1.29-31)

*H*ier comme aujourd'hui, la mission de Dieu à laquelle il associe son Église, consiste à restaurer sa création, et surtout à ramener tout être humain à son cœur par son amour. Cette mission s'accomplit dans un environnement constamment en mouvement, avec des jours qui passent et ne se ressemblent pas, même si pour l'Ecclésiaste, *il n'y a rien de nouveau sous le soleil* (Ec 1.9). En effet, quand on sait lire les signes des temps, on se rend à l'évidence qu'on est pleinement dans le phénomène des derniers temps.

1. Le phénomène des derniers temps

La mission garde sa place dans le cœur de Dieu, et la moisson demeure grande à ses yeux, mais le contexte actuel est fortement marqué par le phénomène des derniers temps. L'accomplissement des Écritures est de la sorte en marche.

Car il viendra un temps où les hommes ne supportent plus la saine doctrine ; mais au gré de leurs propres désirs, avec la démangeaison d'écouter, ils se donneront maîtres sur maîtres ; ils détourneront leurs oreilles de la vérité et se tourneront vers les fables. (2 Tm 4.3-4)

Les choses se compliquent et la situation est des plus critiques, mais la mission continue : *Prêche la parole, insiste en toute occasion, favorable ou non, convaincs, reprends, exhorte, avec toute patience et en instruisant* (2 Tm 4.2).

À cet effet, le Dieu de la mission qui est en même temps le chef de la moisson, dispose de la grâce tout suffisante en faveur de toutes celles et de tous ceux qui sont à la tâche, et leur pourvoit de la provision conséquente. Il les revêt des capacités requises. Nous pouvons appliquer dans nos vies l'instruction de Paul à Timothée : *Sois sobre en tout, supporte les souffrances, fais l'œuvre d'un évangéliste, remplis bien ton service* (2 Tm 4.5).

Sans nul doute, il est un contexte de la mission en ce XXIᵉ siècle en pleine expansion et mutation, caractérisé par la mondialisation et le postmodernisme, mais aussi, et dans une certaine mesure, par la démocratie et le multipartisme.

a) La mondialisation

Vraisemblablement, le XXIᵉ siècle se caractérise par la mondialisation (*globalisation* pour les anglophones), qui est loin d'être un fait tout à fait nouveau, même si on en parle comme d'un nouveau paradigme, d'une nouvelle vision du monde. On se demande bien si l'histoire n'est pas simplement en train de se répéter. On peut déjà commencer par en apprendre un peu plus à travers les généralités et définitions.

– Généralités et définitions

Le terme « mondialisation » désigne l'expansion et l'harmonisation des liens d'interdépendance entre les nations, les activités humaines et les systèmes politiques à l'échelle du monde. Ce phénomène touche les personnes dans la plupart des domaines avec des effets et une temporalité propres à chacun. Il évoque aussi les transferts et les échanges internationaux de biens, de main-d'œuvre et de connaissances.

Ce terme, spécifique à l'environnement humain, est souvent utilisé aujourd'hui pour désigner la mondialisation économique, et les changements induits par la diffusion mondiale des informations sous forme numérique, c'est-à-dire sur Internet.[1]

Selon la *Presse fédéraliste*, le terme « mondialisation » est apparu dans les années 60, mais ne sera utilisé que vers les années 80-90[2]. La mondialisation reste difficile à définir, et selon une source Internet, il existe deux conceptions de ce phénomène : « unitaire » et « conflictuelle et plurielle »[3]. Pour la conception unitaire, « la mondialisation évoque la notion d'un monde uni, d'un monde formant un village planétaire, d'un monde sans frontière[4] ». Cette conception cherche notamment à prôner « plus d'ouverture pour arriver à une paix mondiale[5] ». La conception conflictuelle et pluraliste, d'autre part, « considère la forme actuelle de la mondialisation comme la source de nos problèmes. Elle met en avant une approche de coopération plutôt que de mise en concurrence, qui est le principe de base de la forme actuelle de la mondialisation[6] ».

Étudions maintenant ce phénomène dans la Bible.

– *Regard scripturaire*

Une relecture de quelques passages des Écritures permet de se faire une idée de la mondialisation aussi bien dans l'Ancien Testament que dans le Nouveau Testament.

Dans l'Ancien Testament, c'est le tout premier livre qui en donne une illustration des plus frappantes :

> *Or, toute la terre parlait un même langage avec les mêmes mots. Partis de l'orient, ils trouvèrent une vallée au pays de Chinéar, et ils y habitèrent. Ils se dirent l'un à l'autre : Allons ! faisons des briques et cuisons-les au feu. La brique leur servit de pierre, et le bitume leur servit de mortier. Ils dirent (encore) : Allons ! bâtissons-nous une ville et une tour dont le sommet (touche) au ciel, et faisons-nous un nom, afin que nous ne soyons pas disséminés à la surface de toute la terre.*
> (Gn 11.1-4)

---

[1] Cette définition du terme « mondialisation » vient du site suivant : https://www.techno-science.net/glossaire-definition/Mondialisation.html.

[2] Presse fédéraliste, revue trimestrielle de débat et de culture fédéraliste, mars 2012, n° 155, https://www.pressefederaliste.eu/IMG/pdf/fedechosespd40e1.pdf

[3] https://www.techno-science.net/glossaire-definition/Mondialisation.html.

[4] *Ibid.*

[5] *Ibid.*

[6] *Ibid.*.

La mondialisation apparaît ici comme une désobéissance ; une désobéissance des êtres humains aux injonctions de Dieu, dans la mesure où :

> *Dieu créa l'homme à son image : il le créa à l'image de Dieu, homme et femme il les créa. Dieu les bénit et Dieu leur dit : Soyez féconds, multipliez-vous, remplissez la terre et soumettez-la. Dominez sur les poissons de la mer, sur les oiseaux du ciel et sur tout animal qui rampe sur la terre.* (Gn 1.27-28)

Cependant, le plan des hommes échoua :

> *L'Éternel descendit pour voir la ville et la tour que bâtissaient les fils des hommes. L'Éternel dit : Voilà un seul peuple ! Ils parlent tous un même langage, et voilà ce qu'ils ont entrepris de faire ! Maintenant il n'y aurait plus d'obstacle à ce qu'ils auraient décidé de faire. Allons ! descendons : et là, confondons leur langage, afin qu'ils n'entendent plus le langage les uns des autres.* (Gn 11.5-7)

La mondialisation est aussi un échec, car *L'Éternel les dissémina loin de là sur toute la terre ; et ils cessèrent de bâtir la ville. C'est pourquoi on l'appela du nom de Babel, car c'est là que l'Éternel confondit le langage de toute la terre, et c'est de là que l'Éternel les dissémina sur toute la terre* (Gn 11.8-9). Dieu confond ainsi les langues de manière à ce que les hommes ne puissent plus se comprendre.

Mais à la Pentecôte, Dieu fit plutôt une surprise agréable aux apôtres. Ainsi, l'effusion de l'Esprit assortie du don des langues vit le grand jour se lever dans le Nouveau Testament :

> *Tout à coup, il vint du ciel un bruit comme celui d'un souffle violent qui remplit toute la maison où ils étaient assis. Des langues qui semblaient de feu et qui se séparaient les unes des autres leur apparurent ; elles se posèrent sur chacun d'eux. Ils furent tous remplis d'Esprit et se mirent à parler en d'autres langues, selon que l'Esprit leur donnait de s'exprimer. Or il y avait en séjour à Jérusalem des Juifs pieux venus de toutes les nations qui sont sous le ciel. Au bruit qui se produisit, la multitude accourut et fut bouleversée, parce que chacun les entendait parler dans sa propre langue... Parthes, Mèdes, Élamites, ceux qui habitent la Mésopotamie, la Judée, la Cappadoce, le Pont, l'Asie, la Phrygie, la Pamphylie, l'Égypte, le territoire de la Libye voisine de Cyrène, et ceux qui sont venus de Rome, Juifs et prosélytes, Crétois et Arabes, (les entendaient) parler dans (leurs) langues des merveilles de Dieu !* (Ac 2.2-6, 9-11)

La mondialisation est également un défi majeur de la mission, en tant qu'elle est comme une nouvelle vision du monde ; une vision selon laquelle le monde n'est plus qu'un village planétaire. On s'évertue à vouloir tout mettre à la disposition des habitants de ce gros village. Et on s'attend à ce qu'ils aient la même culture, les mêmes aspirations et ressentent les mêmes besoins. Elle vient comme une réponse aux exigences économiques de la société, mais elle crée du même coup un autre problème, celui de marginaliser des cultures, de perdre de vue des « exceptions culturelles et des besoins spécifiques de chaque peuple[7] ». Elle s'inscrirait dans une logique d'effacer progressivement l'histoire et l'identité de chaque peuple[8]. Or, « Nul n'a le droit d'effacer une page de l'histoire d'un peuple, car un peuple sans histoire est un monde sans âme[9] ».

La mondialisation est aussi une injustice, dans la mesure où la logique veut que les plus grands fassent ombrage aux plus petits, que les riches s'enrichissent de plus en plus et que les pauvres s'appauvrissent davantage. La preuve est que pour le coton de certains pays émergents, et plus particulièrement des pays de l'Afrique subsaharienne comme le Burkina Faso, le Bénin, le Mali et le Tchad, les cultivateurs de coton ne reçoivent aucune subvention de leurs États. Leur coton, est-il besoin de le souligner, peine à tenir sur le marché international face à la concurrence du coton des pays de l'autre côté des mers et des océans, dont les producteurs reçoivent systématiquement la subvention de leurs États.

On le sait, le mot d'ordre vient surtout de ces pays grands et puissants. Et malheur à ceux qui ne s'y conforment pas ou qui ne suivent pas le rythme, car ils vivront dans le ghetto du village planétaire ou mourront-ils discrètement sans que les autres ne s'en rendent compte[10].

Voilà pourquoi il importe de prophétiser sur nos nations considérées comme des ossements desséchés, afin qu'elles écoutent la parole de l'Éternel (*cf.* Ez 37.4).

À la faveur d'une dynamique nouvelle de la *missio Dei* dont le mouvement s'étend désormais de toutes les nations vers toutes les nations, la mondialisation est aussi une opportunité pour faire de grandes choses pour Dieu. En effet, selon Solomon Andria, « elle facilite la communication au-delà des frontières, mais aussi et surtout la compréhension de l'universel, du fait que les frontières

---

[7] Solomon ANDRIA, *Église et mission à l'époque contemporaine*, Yaoundé, Éditions CLÉ, 2007, p. 22.
[8] *Ibid.*, p. 17 et 22.
[9] Citation utilisée par Alain Foka, animateur de l'émission « Archives d'Afrique » sur Rfi.
[10] ANDRIA, *Église et mission*, p. 22.

du Royaume soient poussées jusqu'aux extrémités de la terre[11] ». Tout en ayant en définitive la conscience de l'œuvre mondiale, « l'Église doit savoir gérer la mondialisation pour la cause de la mission[12] ».

La mondialisation en tant que phénomène et signe des derniers temps semble aller de pair avec le postmodernisme.

b) Le postmodernisme

Le postmodernisme est aussi une caractéristique du XXIe siècle. Il vient tout naturellement après le modernisme, mais s'y oppose à bien des égards et dans bien des domaines. Par exemple, face à l'exigence de pureté, de table rase, de progrès de l'art moderne, le postmodernisme revendique l'impureté, la séduction avouée et le plaisir. Est postmoderne ce qui permet le retour du passé sur le mode de l'instable, du changement et du progrès propre au modernisme; le retour du passé n'est pas le retour au passé. C'est un autre paradigme du moment dont il s'avère nécessaire d'en donner un bref aperçu.

– *Un bref aperçu*

Le postmodernisme, en tant que mouvement artistique, se distingue du postmoderne ou de la postmodernité au sens philosophique : il s'agit alors d'un courant de pensée qui se caractérise par la contestation des idées maîtresses de la modernité – progrès, maîtrise technique, sujet libre – contestation inspirée notamment par Karl Marx, Friedrich Nietzsche et Sigmund Freud[13].

Dans un article paru dans *The Hibbert Journal* en 1914, J. M. Thompson utilise le terme postmodernisme pour décrire les changements dans les attitudes et les croyances concernant la critique de la religion : « La raison d'être du postmodernisme est d'échapper à la double pensée du modernisme en faisant preuve de rigueur dans sa critique en l'étendant à la religion et à la théologie, au sentiment catholique et à la tradition catholique[14]. »

Plus tard, le postmodernisme a été utilisé pour décrire de nouvelles formes d'art et musique. H. R. Hays l'a décrit comme une nouvelle forme littéraire. Et

---

[11] *Ibid.*, p. 151.
[12] *Ibid.*, p. 152.
[13] Encyclopédie Larousse, « Postmodernisme », https://www.larousse.fr/encyclopedie/divers/postmodernisme/65020.
[14] J. M. Thompson, « Post-Modernism », *The Hibbert Journal* Vol XII No. 4, juillet 1914, p. 733 [traduction libre].

en 1949, le terme a servi à décrire une insatisfaction à l'égard de l'architecture moderne.

Au-delà de ce bref aperçu, il importe de faire du postmodernisme une lecture chrétienne.

– *Une lecture chrétienne*

Le postmodernisme est aussi un nouveau paradigme qui donne du fil à retordre à la mission. Selon Solomon Andria, « contrairement au modernisme qui privilégiait le pouvoir de la raison, le postmodernisme favorise la dimension religieuse de la vie[15] ».

De plus,

> L'intérêt de l'individu comme de la communauté porte désormais sur la spiritualité, c'est-à-dire l'expression de la foi dans le quotidien, plus que sur le contenu de la foi ou la doctrine. La forme du culte et les différentes pratiques religieuses telles que le jeûne, les veillées de prière et les concerts chrétiens dominent largement sur l'enseignement, la formation biblique et la prédication[16].

Le postmodernisme a donc certes permis au continent noir de s'ouvrir à l'Évangile de Jésus-Christ, mais il a également favorisé « le développement d'un christianisme de façade[17] ». Néanmoins, Solomon Andria constate que « le postmodernisme favorise le pluralisme religieux et la privatisation de la foi[18] ». Il devient comme un cadre d'épanouissement spirituel, prépare du coup le terrain à l'évangélisation, et offre une occasion unique à l'œuvre de Dieu en milieu hostile à l'Évangile. En effet, autrefois, il était difficile de réunir un grand nombre d'invités à une séance d'évangélisation, de remplir les églises ou de parler de Dieu à l'université. Mais maintenant, les lieux de cultes sont archicombles et les universités regorgent de dizaines de groupes d'étudiants chrétiens[19].

Comme la mondialisation et le postmodernisme, la démocratie est dans une certaine mesure un des signes des derniers temps, et peut être inscrite au registre des défis majeurs de la mission.

---

[15] ANDRIA, *Église et mission*, p. 23.
[16] *Ibid.*, p. 51.
[17] *Ibid.*, p. 23.
[18] *Ibid.*, p. 147.
[19] *Ibid.*, pp. 147, 151-152.

c) La démocratie et le multipartisme

La démocratie est née dans l'Antiquité grecque. Solomon Andria dit de la démocratie que :

> Mal assumée, elle devient un outil de déstructuration du mode de vie de l'Africain. Mal comprise, elle favorise la prolifération des petites églises dans le domaine de la religion, la libre entreprise étant l'un des acquis de la démocratie et la libre expression l'une de ses principales valeurs ![20]

Mais l'Église au Sud du Sahara peut en tirer le meilleur profit en élargissant l'espace de sa tente, poussant ainsi les frontières du Royaume de Dieu jusqu'au bout du monde. Dans les années 89 et 90, des événements majeurs se sont produits en série, et ont bouleversé littéralement le monde entier, de même que ce qu'il est convenu d'appeler l'ordre établi. Ainsi ont-ils, sans transition, inauguré l'ère de la démocratie en Afrique subsaharienne, et ouvert la voie au multipartisme.

Comme par amusement, peut-on être tenté de dire, c'est Dieu qui s'est ainsi mis en mouvement à travers cette sorte de tsunami, consacrant définitivement la démocratie dans cette partie de l'Afrique longtemps meurtrie, même si dans la pratique, on a encore du chemin à faire avec beaucoup de choses à défaire et à refaire. C'est tout de même un grand espoir que d'entendre parler ces derniers temps de démocraties en développement. Ce qui a valu aux présidents Alassane Ouattara de la Côte d'Ivoire, Thomas Boni Yayi du Bénin, Alpha Condé de la Guinée Conakry et Mahamadou Issoufou du Niger, d'être reçus à la Maison Blanche en fin juillet 2011 par leur homologue Barack Obama des États-Unis ; alors que quelque temps auparavant, il aurait refusé d'y accueillir le président Idriss Deby Itno du Tchad, probablement pour raisons de mal gouvernance et/ou d'implication avérée dans l'imbroglio libyen.

On se rappelle qu'en Allemagne, la chute du mur de Berlin ou encore le mur de la honte, a eu lieu le 9 novembre 1989. En Afrique du Sud, c'est le 11 février 1990 que Nelson Mandela est libéré, après vingt-sept ans d'emprisonnement dans des conditions souvent très dures. Comme pour boucler la boucle, le 30 juin 1991, c'est encore en Afrique du Sud que l'apartheid ou le développement séparé qui a été systématisé par le Parti National depuis 1948, s'est effondré

---

[20] *Ibid.*, p. 23.

comme un château de cartes, et sa certitude s'est fondue comme la neige au soleil. Ainsi a-t-il été officiellement aboli.

En effet, c'est précisément en 1990 que le vent de la démocratie a commencé à souffler sur le continent noir, avec les vagues de conférences nationales souveraines. Tout est parti du Bénin, considéré comme le quartier latin d'Afrique et la vitrine de la démocratie. Par la suite, c'est toute l'Afrique subsaharienne qui est visitée. Ainsi, a-t-elle été, par un effet d'entraînement, comme acquise à la démocratie et engagée sur la voie du multipartisme, non sans difficulté, certes, mais assurée tout de même que le processus est irréversible. C'est la route du non retour. La révolution arabe qui a déferlé les chroniques ces derniers temps en est aussi un signe évident.

Si cette entreprise ou cette œuvre vient des hommes, elle se détruira ; mais si elle vient de Dieu, vous ne pourrez pas les détruire. Prenez garde de peur de vous trouver en guerre contre Dieu (Ac 5.38-39).

On le voit, les déclarations fracassantes de l'avocat franco-libanais Robert Bourgi, le dimanche 11 et le lundi 12 septembre 2011 sur Rfi, sont pour le moins prémonitoires, pour ne pas dire prophétiques. S'il y a eu un printemps arabe, il va y avoir un printemps africain, a-t-il dit, entre autres. Environ un mois plus tard, ce sont les indignés de l'autre côté des mers et des océans qui entrent en scène, et font comme une démonstration de force, en manifestant à cor et à cri leur mécontentement contre la précarité de la vie, et contre le pouvoir de la finance et des banques. Au-delà de toute attente, les choses bougent, les situations changent autour du monde !

S'agissant de la recherche de la liberté, un article des 30 jours de prière pour le monde musulman souligne que des manifestations de masse ont lieu dans plusieurs pays[21]. Le monde musulman est en pleine agitation. Mais le Roi oint sur la montagne de Sion règne (*cf.* Ps 2). Qui sait comment il dirigera l'avenir ? Le désir de liberté exprimé par les Tunisiens, les Égyptiens, les Libyens, les Yéménites et autres est profondément ancré dans le cœur de l'homme. Au sens le plus profond, seul Jésus-Christ peut répondre à ce désir. C'est lui qui est choisi pour régner sur les peuples de la terre avec justice et droiture (*cf.* Ps 72 ; Dn 7.13-14). Il prendra sa place de Juge et exercera finalement sa justice contre le mal sous toutes ses formes (*cf.* Ac 17.31). La beauté de son règne de justice dans les nouveaux cieux et sur la nouvelle terre sera inégalée (*cf.* 2 P 3.13 ; Ap 21.1-4).

---

[21] « 30 jours de prière pour le monde musulman », 20ᵉ édition, août 2011, p. 9.

Certes, la démocratie et le multipartisme amènent avec eux beaucoup de bonnes choses, et comportent plusieurs aspects des plus positifs. Mais ils s'inscrivent tout de même dans le registre des phénomènes des derniers temps, au regard de tout ce qu'ils drainent, traînent et entraînent d'imprévisible, d'insaisissable et d'inimaginable.

Le phénomène des derniers temps est une réelle menace pour l'Église en Afrique, et l'un des plus grands défis de la mission aujourd'hui. On le voit, les temps sont de plus en plus difficiles, parce que les derniers jours sont déjà sortis de l'ombre, et constituent sans nul doute une interpellation majeure en faveur de la mission.

2. La mission dans son milieu

Mais vous recevrez une puissance, celle du Saint-Esprit survenant sur vous, et vous serez mes témoins à Jérusalem. (Ac 1.8)

Dans ce contexte des derniers temps qui s'imposent et se manifestent sous toutes les formes favorables à la déraison et au désordre, l'Église en Afrique est tenue de repenser sa stratégie missionnaire. Il s'agit de remettre à l'ordre du jour, la ré-évangélisation de la société traditionnelle et sa propre ré-évangélisation. L'Église catholique en parle en termes de nouvelle évangélisation ; ce que le pape Benoît XVI dont on dit être le pape de l'espérance africaine est venu soutenir au Bénin du 18 au 20 novembre 2011.

a) La ré-évangélisation de la société traditionnelle

La société traditionnelle, considérée à tort ou à raison à un moment donné de l'histoire des missions comme un territoire conquis ou un monde atteint par l'Évangile, est pratiquement délaissée. Entre temps, les vieux démons de la société traditionnelle se réveillent, drainent des foules et en entraînent considérablement dans le décor et à leur suite. Ce retour en force de la tradition, avec son cortège d'initiation, d'excision, de masques, de tatouage, de vodou[22] et autres, vient comme pour confirmer un adage populaire qui dit : *chassez le naturel et il revient au galop*. Il fait de sérieux ravages au sud du Tchad, et l'Église en souffre énormément. Année après année, de nombreux jeunes gens de tout sexe confondu, qu'ils soient des enfants des fidèles des églises

---

[22] Terme initialement et localement reconnu sous le vocable *vodun*.

ou qu'ils le soient eux-mêmes, sont amenés souvent de force en brousse pour y subir des rites initiatiques, parfois avec la complicité des parents, des chefs traditionnels ou des autorités locales.

Une ré-évangélisation de la société traditionnelle s'avère donc nécessaire, afin que l'Évangile triomphe de la tradition comme par le passé, et que le règne de Dieu s'établisse dans des cœurs et dans des vies. Nous souhaitons voir de nouveau des gens se détourner de la tradition, de la sorcellerie, de l'occultisme et autres pour se tourner vers le Dieu vivant et vrai. Et par la force du Seigneur, l'Évangile continuera de se répandre efficacement (*cf.* Ac 19.18-20), même au sein de l'Église où une ré-évangélisation est désormais nécessaire.

b) La ré-évangélisation au sein de l'Église

Il peut paraître ridicule de parler de ré-évangélisation au sein de l'Église, en tant qu'elle est universellement le corps mystique de Christ, et localement l'ensemble des chrétiens rassemblés en un lieu donné. Mais la réalité oblige à une certaine nuance et les faits poussent à une remise en question. Depuis un certain temps, au Tchad par exemple, il n'est pas rare de trouver dans une église locale, des gens en grand nombre qui viennent régulièrement au culte dominical, sans jamais avoir fait une rencontre personnelle avec le Christ. Il peut s'agir tout simplement d'une bande de curieux ou de ceux qu'on appelle communément des chrétiens nominaux ou encore des païens améliorés ou christianisés. Mais on note aussi la présence à la fois discrète et quelque peu remarquée des agents d'ordres maçonniques, rosicruciens et autres, à la recherche de nouvelles recrues.

> L'Église africaine doit aujourd'hui se lancer dans une nouvelle évangélisation. Les traités d'évangélisation, les méthodes d'évangélisation, les moyens modernes de communication continueront de servir la cause. Mais on ne doit plus se faire d'illusion. L'Évangile n'a pas encore pénétré en profondeur dans les mœurs de beaucoup de ceux et celles qui remplissent les lieux de culte[23].

Dans nos églises locales, au Tchad comme partout ailleurs en Afrique subsaharienne, il est pleinement des gens qui se disent chrétiens, et qui continuent d'avoir terriblement peur du sorcier. Certains ne sont pas au clair

---

[23] Isaac ZOKOUE, « Préface », dans *Bible d'Étude Africaine*, Abidjan, CPE, 2014, pp. xix-xx.

avec leur salut. Ils n'en ont pas du tout l'assurance. Nombreux sont ceux qui prennent pour parole d'Évangile, l'adage populaire qui dit : *Aide-toi et le ciel t'aidera*. On comprend parfaitement que ce sont des gens en qui la parole du Christ n'habite pas avec sa richesse (*cf.* Col 3.16), parce qu'ils ne lisent pas la Bible ; encore faut-il qu'ils en aient une !

Avec une foi plutôt populaire, et s'appuyant sur cet adage, ils en viennent à consulter féticheurs et marabouts, et à obtenir d'eux pour leur protection, des choses qu'ils attachent autour du rein ou autour du cou, des choses qu'ils mettent au bras ou au doigt, se rendant même au culte encombrés de la sorte, ou encore des choses qu'ils gardent précieusement chez eux. Un autre fait troublant, c'est le cas avéré de mort par empoisonnement à répétition entre chrétiens, et pire encore, entre responsables d'églises au plus haut niveau de la hiérarchie, pour des intérêts égoïstes.

De telles personnes ont besoin d'être ré-évangélisées, *afin qu'elles se tournent des ténèbres vers la lumière et du pouvoir de Satan vers Dieu, et [qu'elles] reçoivent le pardon des péchés et un héritage avec [celles] qui sont sanctifiées par la foi en [Jésus]* (Ac 26.18). Mais il faut tout de même reconnaître dans toute église locale, l'existence d'un reste (*cf.* 1 R 19.18) qui fait la joie et l'honneur du Seigneur qui *connaît ceux qui lui appartiennent* (*cf.* 2 Tm 2.19).

Tout ce qui précède suffit, semble-t-il, pour convaincre de la nécessité d'une ré-évangélisation au sein des églises, au risque de voir l'avenir être compromis, dans la mesure où l'islam avance à un rythme inquiétant. Du coup, il se pose la question de la mission dans le monde musulman.

3. La mission dans le monde musulman

Des efforts considérables sont déployés de toutes parts pour la mission dans les bastions de l'islam, avec des résultats ici et là plutôt encourageants. On peut se réjouir de ce que le mouvement de prière initié par plusieurs responsables chrétiens réunis en 1992 au Moyen-Orient fait son petit bonhomme de chemin avec succès. Bien connu sous le nom de 30 jours de prière pour le monde musulman, ce mouvement consiste à mobiliser les chrétiens à prendre du temps pour prier et jeûner en faveur du monde musulman, pendant le mois islamique du Ramadan.

Un livret édité à cet effet donne précisément des sujets de prière, précédés des informations sur chaque région, chaque ville, chaque peuple ou pays ciblé. Des témoignages de conversions et autres y sont également mentionnés au fil des pages. Le mouvement repose sur la vision que Dieu veut amener une multitude de musulmans dans son Royaume. C'est aussi une manifestation de la réponse au commandement de Jésus de *faire de toutes les nations des disciples* (Mt 28.18-20).

Il est proposé que des églises, des familles et autres groupes confessionnels organisent des veillées de prière pour le monde musulman pendant la nuit du Destin. Cette nuit du 26ème au 27ème jour du Ramadan est une nuit stratégique de prière. Certains musulmans la passent entièrement ou en partie à la mosquée en souvenir de la révélation du Coran, et manifestent une sensibilité aux visions divines et aux apparitions surnaturelles. Prier pour les musulmans est une manière d'aimer Dieu et de lui obéir, une manière d'aimer le prochain et d'entrer dans le temps de Dieu.

Ce que les uns appellent la révolution du Jasmin en Tunisie, et les autres, la révolution arabe ou le printemps arabe en Égypte, en Lybie, au Yémen, au Bahreïn, au Maroc et en Syrie pour ne citer que ceux-là, est vraisemblablement un signe du jubilé. Les gouvernants en Afrique subsaharienne l'ont malheureusement célébré à grandes pompes sans son objet ni son contenu. Dans la pensée de Dieu (*cf.* Lv 25.8-18), le jubilé est plutôt une nouvelle ère, une ère de relaxe et de liberté pour les peuples longtemps opprimés et oppressés par des « États voyous » comme le dirait Georges W. Bush. C'est une perspective tout aussi valable spirituellement. À travers ce gigantesque mouvement révolutionnaire, on ne peut pas ne pas voir Dieu lui-même en marche, manifestant sa puissance et accomplissant ses desseins de libération des peuples et de salut des nations.

Quant au milieu universitaire, le ministère estudiantin met le focal de sa vision sur la transformation des élèves et étudiants pour la vie.

4. Le ministère estudiantin

Les jeunes gens considérés comme l'une des cibles privilégiées de l'islam sont plus que jamais dans l'œil du cyclone. C'est pourquoi, dans un tel environnement, les Groupes Bibliques Universitaires d'Afrique Francophone (GBUAF), dont l'Union des Jeunes Chrétiens (UJC) est le répondant au Tchad, font de la mission parmi les jeunes leur priorité. Ainsi le ministère estudiantin s'exerce-t-il dans dix-neuf pays d'Afrique francophone, avec pour champ missionnaire les collèges et lycées, les écoles professionnelles et autres, les instituts et universités. L'objectif est de former élèves et étudiants en communauté de disciples, transformés par l'Évangile, et ayant un impact sur les institutions de formation, l'Église, la société pour la gloire de Christ. L'activité essentielle en est l'interaction avec les Écritures.

L'évidence que certains parmi ces jeunes gens sont enrôlés par la secte Boko Haram[24] devenue Groupe Etat Islamique en Afrique de l'Ouest (GEIAO) est un autre défi majeur de la mission.

Le mot de la fin

Depuis un certain temps, des voix s'élèvent pour dire que le centre de gravité du christianisme s'est déplacé de l'Occident vers le Sud, c'est-à-dire vers l'Amérique Latine, l'Asie et l'Afrique. C'est là un honneur que le Seigneur nous fait, mais c'est aussi une mission qu'il nous confie en ces temps qui sont les derniers. L'Église en Afrique est tenue de se lever comme un seul homme et se mettre à la tâche, afin que le salut de Dieu soit manifesté jusqu'aux extrémités du continent. C'est Dieu qui prépare et qui équipe des hommes et des femmes pour permettre à l'Église en Afrique d'accomplir sa mission compte tenu de ces mutations et leurs implications, mais aussi des situations auxquelles elle doit intentionnellement apporter des solutions pour la moisson.

Réflexion et action

1) La mission de Dieu à laquelle il associe son Église s'accomplit désormais dans un environnement constamment en mouvement. Quelle découverte en faites-vous ?

2) Le contexte des derniers temps s'impose et se manifeste sous toutes les formes favorables à la mondanité et à la religiosité. Quelle stratégie missionnaire l'Église en Afrique est-elle tenue de mettre en place ?

3) Le centre de gravité du christianisme s'est déplacé de l'Occident vers le Sud, c'est-à-dire vers l'Amérique Latine, l'Asie et l'Afrique. Quelles peuvent en être les implications pour votre église ou assemblée locale ?

---

[24] Cette nébuleuse de Boko Haram devenue Groupe Etat Islamique en Afrique de l'Ouest (GEIAO) fait des ravages au Nigeria et au Cameroun, au Niger et au Tchad (surtout dans la région du Lac Tchad). Les forces coalisées de ces quatre pays voisins lui retournent l'ascenseur et la combattent farouchement.

Chapitre VI

DES SITUATIONS ET DES SOLUTIONS POUR LA MOISSON

Il est bon que tu retiennes ceci sans laisser échapper cela ; car celui qui craint Dieu trouve une issue en toutes situations. (Ec 7.18)

L'approche situationnelle du leadership transformationnel suggère que l'on trouve dans une situation donnée une solution appropriée. Ce qui revient à dire que face à un problème, on doit trouver à partir du problème une réponse. Par ailleurs, chaque difficulté que l'on rencontre doit être transformée de façon intentionnelle en une opportunité d'agir, de trouver une porte de sortie, de relever le défi… pour la moisson (*cf.* Jn 4.1-42).

L'un des Objectifs du Millénaire pour le Développement (OMD) à l'horizon 2015 était la réduction de la pauvreté. C'était un défi difficile à relever, dans la mesure où les pays d'Afrique subsaharienne et particulièrement ceux du Sahel dont le Burkina Faso, le Mali, le Niger et le Tchad sont pratiquement menacés d'insécurité alimentaire jusqu'à ce jour. Le défi toujours d'actualité apparaît alors comme un problème à résoudre, une situation à laquelle trouver une solution, un pari à gagner, un prix ou une victoire à remporter, un exploit à faire, un obstacle à contourner, une difficulté à surmonter, une course dans laquelle s'engager, une bataille à livrer, etc.

Par ailleurs, défier quelqu'un, c'est le mettre au défi ou à l'épreuve, c'est le provoquer : lui mettre le doigt dans l'œil, le toucher dans son amour propre, etc. (*cf.* Esd 1.2-4 ; Mt 4.3, 5-6 ; Jn 8.3-9 ; 18.22-23 ; Lc 23.35-37, 39).

Au sens d'un acronyme, le DEFI est la Différence, l'Excellence, la Fidélité et l'Intégrité. C'est un choix à faire, un sacrifice à consentir, un prix à payer de façon intentionnelle et résolue par les uns et les autres que ces quatre valeurs réunies. C'est de ce point de vue que l'on va devoir mener la réflexion. Voilà pourquoi il convient de commencer tout naturellement à considérer ce qu'est la différence.

1. La différence

La différence est le fait d'une chose ou d'une personne d'être différente ou de se différencier, d'être distinguée ou de se distinguer, de se démarquer des autres par un trait, par une caractéristique, par un caractère, par une manière d'être ou de faire : *Si tu ne marches pas toi-même avec nous, ne nous fais pas partir d'ici. Comment sera-t-il donc certain que j'ai trouvé grâce à tes yeux, ainsi que ton peuple ? Ne sera-ce pas quand tu marcheras avec nous et quand nous serons différents, moi et ton peuple, de tous les peuples qui sont à la surface de la terre ?* (Ex 33.15-16)[1].

L'Église de Jésus-Christ est appelée à être différente, à être fidèle à Dieu et à faire preuve d'intégrité à tous les niveaux. Nos actes doivent refléter notre appartenance à Dieu et montrer que Dieu est en marche avec nous. Comme la présence de Dieu en nous et à nos côtés fait la différence, de même notre présence en quelque lieu que ce soit doit faire la différence (*cf.* Mt 5.13-16), de sorte que des choses bougent et des situations changent dans le bon sens. Alors faire la différence est un choix à faire.

La 7ème Assemblée Générale de l'Association des Évangéliques en Afrique (AEA), tenue à Johannesburg (Afrique du Sud) en décembre 1997, avait pour thème : *Faire la différence*[2]. Mais à la fin de la rencontre, les élections en vue du renouvellement du Comité Exécutif avaient plutôt fait la honte de l'institution que la différence. C'était une véritable mascarade. Heureusement, le bon sens avait fini par prévaloir : les élections étaient annulées et le Comité Exécutif sortant était reconduit pour une période transitoire de six mois…

On trouve dans cette logique de la différence et dans la dynamique du changement, quelques personnages bibliques tant de l'Ancien Testament que du Nouveau Testament.

---

[1] La Bible Segond 21, L'original, avec les mots d'aujourd'hui.
[2] De l'anglais *Making a difference*.

a) Dans l'Ancien Testament

Ils sont en grand nombre, les personnages bibliques qui ont su faire la différence et marquer leur temps dans l'Ancien Testament. Un des patriarches et son fils, Jacob et Joseph, pour ne pas les citer, étaient de la partie. Le père était un homme du changement, le fils était un homme de la situation.

– *Jacob, l'homme du changement*

Au moment où il fuyait en Mésopotamie pour se cacher de son frère Esaü, lequel le prit en aversion pour lui avoir usurpé son droit d'aînesse, Jacob trouva un endroit pour passer la nuit.

> *Il fit un rêve : une échelle était dressée sur la terre et son sommet atteignant le ciel. Des anges de Dieu y montaient et descendaient. Le Seigneur se tenait devant lui et lui disait : Je suis le Seigneur, le Dieu de ton grand-père Abraham et le Dieu d'Isaac. La terre où tu es couché, je la donnerai à toi et à tes descendants. Tes descendants seront aussi nombreux que les grains de poussière du sol. Vous étendrez votre territoire vers l'ouest et vers l'est, vers le nord et vers le sud. À travers toi et tous tes descendants, je bénirai toutes les nations de la terre. Je suis avec toi, je te protégerai partout où tu iras et je te ramènerai dans ce pays. Je ne t'abandonnerai pas, je ferai tout ce que je t'ai promis.* (Gn 28.12-15)[3]

La présence de Dieu et sa parole font la différence dans des cœurs disposés et à travers des vies brisées : en se réveillant, Jacob se rendit finalement compte de la présence de l'Éternel à cet endroit. Il fut saisi de crainte, ses yeux s'ouvrirent, et il reconnut l'endroit comme étant redoutable. *Ce n'est rien moins que la maison de Dieu, c'est la porte des cieux*, dit-il (Gn 28.16-17). Il nomma l'endroit Béthel. En même temps qu'il déclencha le changement de son univers, sa propre situation connut un changement. Il fit un vœu à l'Éternel et lui fit une promesse : *Si Dieu est avec moi... et si je retourne en paix à la maison de mon père, alors l'Éternel sera mon Dieu. Cette pierre que j'ai érigée en stèle, sera la maison de Dieu. Je te donnerai la dîme de tout ce que tu me donneras* (Gn 28.18-22).

Jacob fit la différence par les changements qu'il opérait dans son environnement, mais aussi par sa disposition au changement de sa situation

---

[3] La Bible en français courant.

et son ouverture au changement de son nom. *Jacob ne sera plus le nom qu'on te donnera, mais Israël ; car tu as lutté avec Dieu et avec des hommes, et tu as été vainqueur*, dit l'homme qui se battit avec lui jusqu'au lever de l'aurore. Par la suite, *Jacob donna à cet autre endroit le nom de Péniel ; car, dit-il, j'ai vu Dieu face à face, et mon âme a été préservée* (Gn 32.25-29, 31).

Autant Jacob fit la différence à la fois par les changements qu'il opérait autour de lui et par les changements dont il était mu, autant Joseph en fit par les situations qu'il faisait changer.

– Joseph, l'homme de la situation

L'Éternel fut avec Joseph ; celui-ci réussissait (à tous égards), il était dans la maison de son maître égyptien. Son maître vit que l'Éternel était avec lui : tout ce qu'il entreprenait, l'Éternel le faisait réussir entre ses mains. Joseph obtint la faveur de son maître dont il assurait le service et qui l'avait établi comme intendant sur sa maison en remettant entre ses mains tout ce qui lui appartenait. (Gn 39.2-4)

Quand Dieu est en marche avec quelqu'un, sa vie fait la différence, frappe d'admiration, met en confiance, inspire le respect et devient un canal de bénédiction. Ainsi en était-il de Joseph si bien que tout lui réussissait. Le Seigneur faisait réussir tout ce qu'il entreprenait, à telle enseigne que Potiphar fut si content de lui, qu'il lui confia l'administration de sa maison et de tous ses biens :

Dès que Potiphar l'eut établit comme intendant sur sa maison et sur tout ce qui lui appartenait, l'Éternel bénit la maison de l'Égyptien, à cause de Joseph ; et la bénédiction de l'Éternel (reposa) sur tout ce qui lui appartenait, aussi bien dans la maison qu'aux champs. Il abandonna entre les mains de Joseph tout ce qui lui appartenait et, avec lui, il ne s'occupait plus de rien, sinon de la nourriture qu'il mangeait... (Gn 39.5-6)

Plus tard, de la prison au palais, Joseph continua d'étonner et de frapper d'admiration, tant par son discernement que par sa sagesse, parce que Dieu était et marchait avec lui. Après le grand échanson et le grand panetier (*cf.* Gn 40.9-23), ce fut au Pharaon qu'il donna l'explication du rêve qui troublait sa majesté et de précieux conseils en management pour y faire face (*cf.* Gn 41.33-36).

Le Pharaon en fut émerveillé et trouva en Joseph l'homme de la situation. Il le plaça à la tête de sa maison et fit dépendre tout son peuple de lui. Il lui donna autorité sur tout le pays d'Égypte et lui confia par la suite la charge de l'exécution de son propre et merveilleux plan d'action managérial (*cf.* Gn 41.37-45). Le jeune premier ministre de trente ans accomplit pleinement son plan d'action. Il constitua savamment des provisions et fit des réserves de vivres durant les sept années d'abondance où le pays travaillait à plein régime. *Il amassa du froment comme le sable de la mer ; la quantité en était si considérable que l'on cessa de compter* (Gn 41.46-49). Quand les sept années d'abondance arrivèrent à leur terme et que les sept années de famine annonçaient leur couleur, *Joseph ouvrit toutes les réserves et vendit du blé aux Égyptiens* (Gn 41.56). Partout ailleurs, la famine s'était tellement intensifiée qu'on arrivait de partout en Égypte pour acheter du blé (*cf.* Gn 41.53-57 ; 47.13-26).

Alors que le Pharaon régnait en toute quiétude, Joseph gouvernait avec succès, à la plus grande satisfaction du roi et de tout son peuple. Dieu est honoré parce que les biens de la cité sont gérés avec équité, avec fidélité et dans la transparence ; le pays s'en trouve mieux, tout le peuple en tire le meilleur profit ; même les immigrés en bénéficient. C'est ce que confirment Miller et Gurthie en affirmant que « les affaires et le gouvernement ne peuvent fonctionner pour le bien de tous que si la vérité et l'honnêteté sont tenues en haute estime. Il faut aussi que les valeurs d'une société soient transformées[4] ». Il en est de même des biens de l'Église[5] et de toute autre institution : Dieu s'en réjouit quand on les gère de la sorte, les membres sont encouragés et motivés à offrir le meilleur d'eux-mêmes, l'atmosphère est détendue, l'œuvre se développe et l'Église ou l'institution prospère à tous égards.

Telles sont la logique de la différence et la dynamique du changement que l'on découvre également chez certains personnages du Nouveau Testament.

b) Dans le Nouveau Testament

Le Dieu de Jésus-Christ est le Dieu de la différence. Ainsi fait-il la différence dans et par la vie des gens qui se disposent intentionnellement à la différence et s'y appliquent résolument. Dans le Nouveau Testament, par

---

[4] Darrow MILLER avec Stan GUTHRIE, *Faites des nations mes disciples, (Clés pour une réforme de nos sociétés)*, Yverdon, Éd. JEM-ENTRAID-GLIFA, 2010, p. 125.
[5] Dans la perspective d'une dénomination mais aussi d'une église locale.

exemple, Pierre en est un modèle de foi et d'obéissance, Tabitha[6] en est un exemple de générosité.

– Pierre : un modèle de foi et d'obéissance

Aux matins de la Pentecôte, Pierre est présenté, dans la première partie du livre des Actes des Apôtres, comme le chef de file des apôtres. À la fin de son premier discours, *ceux qui acceptèrent sa parole furent baptisés ; et en ce jour-là, furent ajoutées environ trois mille âmes* (Ac 2.41). Ce fut un prédicateur hors pair qui savait faire la différence dans son prêche et tenir de même coup son auditoire en haleine.

Par la suite, ce fut la guérison du boiteux de naissance qui s'opéra par son canal après plus de quarante ans au portique de Salomon :

> *Je ne possède ni argent, ni or (lui dit-il) ; mais ce que j'ai, je te le donne : au nom de Jésus-Christ de Nazareth : lève-toi et marche ! Le saisissant par la main droite, il le fit lever. À l'instant, ses pieds et ses chevilles devinrent fermes ; d'un bond il fut debout et se mit à marcher. Il entra avec eux dans le temple en marchant, sautant et louant Dieu.* (Ac 3.6-8)

Cette guérison spectaculaire lui donna l'occasion de livrer son deuxième discours au peuple stupéfait qui accourait en ce lieu. La Bible nous dit que *beaucoup de ceux qui avaient entendu la Parole crurent, et le nombre des hommes s'éleva à (environ) cinq mille* (Ac 4.4).

Aux chefs religieux qui reconnurent qu'il était manifeste pour tous les habitants de Jérusalem qu'un miracle notoire avait été accompli par eux, et qu'ils ne pouvaient pas le nier, mais qui tentèrent comme ils pouvaient de les empêcher de parler désormais à qui que ce soit et d'enseigner au nom de Jésus, ils répondirent : *Est-il juste, devant Dieu, de vous obéir plutôt qu'à Dieu ? À vous de juger, car nous ne pouvons pas ne pas parler de ce que nous avons vu et entendu* (Ac 4.15-20).

L'effet produit par leurs paroles est considérable :

> *Les multitudes d'hommes et de femmes qui croyaient au Seigneur augmentaient toujours plus. On apportait les malades dans les rues et on les plaçait sur des litières et des grabats, afin que, lors du passage de Pierre, son ombre puisse couvrir l'un d'eux. La multitude accourait*

---

[6] Tabitha est un nom araméen qui se traduit en grec par Dorcas, c'est-à-dire : gazelle (*cf.* Ac 9.36).

aussi des villes voisines de Jérusalem et apportait des malades et des gens tourmentés par des esprits impurs ; et tous étaient guéris. (Ac 5.14-16)

Ils rencontrèrent cependant beaucoup d'opposition de la part des chefs religieux :

Après les avoir amenés, ils les firent comparaître de nouveau devant le sanhédrin. Le souverain sacrificateur les interrogea en ces termes : nous vous avions formellement défendu d'enseigner en ce nom-là. Et voici que vous avez rempli Jérusalem de votre enseignement… Pierre répondit ainsi que les apôtres : Il faut obéir à Dieu plutôt qu'aux hommes. Le Dieu de nos pères a ressuscité Jésus, que vous avez tué en le pendant au bois. Dieu l'a élevé par sa droite comme Prince et Sauveur, pour donner à Israël la repentance et le pardon des péchés. Nous sommes témoins de ces choses, de même que le Saint Esprit que Dieu a donné à ceux qui lui obéissent. (Ac 5.27-32)

Ce fut un modèle indéniable de foi et d'obéissance qui faisait la différence et qui ne laissait pas indifférents les chefs religieux et tout Jérusalem avec eux. Or à Césarée, alors qu'il prêchait la Parole à la famille de Corneille, aux parents et intimes, *le Saint-Esprit descendit sur tous ceux qui écoutaient la Parole, [et on] les entendait parler en langues et exalter Dieu* (Ac 10.44, 46).

Bien avant cette autre prouesse qui fit la différence à Césarée, c'était Tabitha qui faisait la différence par… sa générosité (*cf.* Ac 9.36-43).

– Tabitha : un exemple de générosité

La Bible parle très peu de ce personnage. Mais la seule fois où il a été question de Tabitha, l'accent a été mis sur sa générosité agissante, car *elle faisait beaucoup d'œuvres bonnes et d'aumônes* (Ac 9.36). Tabitha fut une femme qui résidait à Jaffa, probablement dans l'anonymat. Mais quand elle mourut à la suite d'une maladie, elle fut lavée et déposée dans une chambre haute :

Comme Lydda est près de Jaffa et que les disciples avaient appris que Pierre s'y trouvait, ils envoyèrent deux hommes vers lui pour le supplier : Ne tarde pas à passer jusque chez nous. Pierre se leva et partit avec eux. Lorsqu'il fut arrivé, on le fit monter dans la chambre haute. Toutes les veuves s'approchèrent de lui en pleurant et lui montrèrent les tuniques et les manteaux que faisait Dorcas lorsqu'elle était avec elles. (Ac 9.37-39)

Le témoignage de ces veuves confirme le fait que Tabitha faisait effectivement beaucoup d'œuvres bonnes et d'aumônes. C'était une femme au cœur bien disposé et à l'esprit généreux, et qui avait de l'habileté. Elle travaillait de ses mains tuniques et manteaux dont les veuves qui en avaient le bénéfice en étaient profondément marquées, touchées. Par ces œuvres, Tabitha servait les desseins de Dieu dans sa génération, faisant ainsi la différence dans la vie des veuves qui en donnèrent la preuve à Pierre en pleurant.

> [Il] *mit dehors tout le monde, s'agenouilla et pria ; puis il se tourna vers le corps et dit : Tabitha, lève-toi ! Alors elle ouvrit les yeux, et voyant Pierre, elle s'assit. Il lui donna la main et la fit lever. Il appela ensuite les saints et les veuves, et la leur présenta vivante. Cela fut connu de tout Jaffa, et beaucoup crurent au Seigneur.* (Ac 9.40-42)

Une vie qui fait la différence est un instrument dont Dieu se sert pour faire la différence dans des cœurs et dans des vies. Ainsi doit-il en être des enfants de Dieu en toutes choses et à tous les niveaux de la société. C'est pourquoi Jésus dit :

> *C'est vous qui êtes le sel de la terre. Mais si le sel devient fade avec quoi le salera-t-on ? Il n'est plus bon qu'à être jeté dehors et foulé aux pieds par les hommes. C'est vous qui êtes la lumière du monde. Une ville située sur une montagne ne peut être cachée. On n'allume pas une lampe pour la mettre sous le boisseau, mais on la met sur le chandelier, et elle brille pour tous ceux qui sont dans la maison. Que votre lumière brille ainsi devant les hommes, afin qu'ils voient vos œuvres bonnes, et glorifient votre Père qui est dans les cieux.* (Mt 5.13-16)

À l'instar de Tabitha *(il faut) que les nôtres aussi apprennent à exceller dans les œuvres bonnes, pour subvenir aux nécessités urgentes, afin de ne pas être sans fruit* (Tt 3.14). C'est un choix que celui de l'excellence.

2. L'excellence

> *De même que vous excellez en tout, en foi, en parole, en connaissance, en empressement de tout genre, et en votre amour pour nous, faites en sorte d'exceller aussi en cette œuvre de grâce.* (2 Co 8.7)

Pour mieux définir l'excellence, il convient de commencer par ce qu'elle n'est pas. L'excellence n'est pas le titre de noblesse que l'on donne aux ambassadeurs, aux ministres, aux souverains, aux chefs d'État, etc. Par exemple : Sa Majesté le Roi ou Son Excellence Monsieur le Président de la République, même si la personne concernée brille parfois par la médiocrité jusqu'à la nullité.

Lors de l'oraison funèbre du 15 décembre 2012, Mbaïssissem Aubin rendait de Nodjinaïssem Brigitte[7] le témoignage qu'elle avait l'amour de bien faire, le sens de l'excellence. L'excellence, c'est plutôt le plus haut degré de qualité, c'est le fait d'une chose ou d'une personne d'être excellente par un trait, par une caractéristique, par un caractère, par ce qu'elle est ou par ce qu'elle fait. C'est ce qu'on découvre chez Dieu à travers la création.

a) Dieu : la perfection à travers la création

Depuis la création, les œuvres de Dieu parlent à la pensée et à la conscience des hommes de ses perfections invisibles : quiconque sait regarder, peut y discerner clairement sa divinité et sa puissance. Aussi, depuis les temps anciens, les hommes qui ont sous les yeux la terre et le ciel et tout ce que Dieu a créé, ont connu son existence et son pouvoir éternel. (Rm 1.20)[8]

Théologiquement, on en parle en termes de révélation générale, et de révélation spéciale : Dieu se fait connaître à travers la création, de même qu'il se manifeste et par le Fils (Hé 1.1-2) qui est la Parole vivante et par les Écritures en tant que Parole écrite. La création reflète son excellence et sa perfection.

Comme preuves de cette excellence :

Les cieux racontent la gloire de Dieu, et l'étendue céleste annonce l'œuvre de ses mains. Le jour en donne instruction au jour, la nuit en donne connaissance à la nuit. Ce n'est pas un langage, ce ne sont pas des paroles, leur voix n'est pas entendue. Leur trace apparaît sur toute la terre, leurs accents vont aux extrémités du monde, où il a placé une tente pour le soleil. Et celui-ci, semblable à un époux qui sort de sa chambre, se réjouit, comme un héros, de parcourir sa route ; il s'élance d'une extrémité du ciel et achève sa course à l'autre extrémité, rien ne se dérobe à sa chaleur. (Ps 19.2-7)

---

[7] Brigitte était la trésorière du Bureau Local (BL) de l'Union des Jeunes Chrétiens (UJC) de Moundou (Tchad). Elle s'était éteinte le 13 décembre 2012 de suite d'une longue maladie et après quatre interventions chirurgicales successives au Centre Hospitalier de Bébalem (CHB) ; on l'avait inhumée le 15 à Moundou.

[8] Parole Vivante.

L'Éternel est le Dieu de l'excellence ; son *nom est magnifique sur toute la terre* (*cf.* Ps 8.2, 10) et dans tout l'univers, ses œuvres sont merveilleuses (*cf.* Ps 139.14) et en grand nombre (*cf.* Ps 92.6 ; 104.24) : *C'est avec sagesse que l'Éternel a fondé la terre, c'est avec intelligence qu'il a affermi les cieux ; c'est par sa science que les abîmes se sont ouverts, et que les nuages distillent la rosée* (Pr 3.19-20).

Il est le Dieu qui communique souverainement l'excellence et l'habileté aux uns et aux autres pour accomplir ses desseins et pour manifester sa gloire. Par exemple, du temps de Moïse, son serviteur, Dieu lui dit :

> *Vois : j'ai appelé par son nom Betsaleél, fils d'Ouri, fils de Hour, de la tribu de Juda. Je l'ai rempli de l'Esprit de Dieu, de sagesse, d'intelligence et de compétence pour toutes sortes d'ouvrages, pour concevoir des plans, pour travailler l'or, l'argent et le bronze, pour graver les pierres à enchâsser, pour tailler le bois et pour exécuter toutes sortes d'ouvrages. Je lui ai donné pour aide Oholiab, fils d'Ahisamak, de la tribu de Dan. J'ai mis de la sagesse dans le cœur de tous les gens habiles, pour qu'ils fassent tout ce que je t'ai ordonné.* (Ex 31.1-11)

Et comme c'est au pied du mur que l'on reconnaît le maçon, c'est à toutes sortes d'ouvrages que l'on découvrit l'excellence chez Betsaleél, Oholiab et autres hommes habiles (*cf.* Ex 36.1-39.43). On s'en rendit compte autant chez Néhémie, le réparateur des murailles de Jérusalem (*cf.* Né 6.15) que chez les surdoués Daniel et compagnons[9].

b) Daniel et ses compagnons, des surdoués

La troisième année du règne de Yehoyaqim, roi de Juda, Neboukadnetsar, roi de Babylone, marcha contre Jérusalem et l'assiégea. Le Seigneur livra entre ses mains Yehoyaqim, roi de Juda (Dn 1.1-2). Là bas, à Babylone, une aventure commença pour des jeunes déportés : Daniel et ses trois compagnons de captivité furent admis au palais pour entrer au service du roi et recevoir un enseignement (*cf.* Dn 1.1-7). Le choix qu'on porta sur eux se justifiait par le fait qu'ils remplissaient les critères donnés par le roi : ils étaient *des Israélites de race royale ou de familles de dignitaires, de jeunes garçons sans défaut corporel, de belle apparence, doués de toute sagesse, d'intelligence et d'instruction, capables*

---

[9] Il s'agit de Hanania, de Michaël et d'Azaria à qui l'on donna les noms de Chadrak, de Méchak et d'Abed-Nego, puis à Daniel lui-même celui de Beltchatsar (*cf.* Dn 1.7).

de servir dans le palais du roi, et à qui l'on enseignerait les lettres et la langue des Chaldéens (Dn 1.3-4).

Le roi fixa pour chaque jour une portion des mets de sa table et du vin dont il buvait, voulant les élever pendant trois années, au bout desquelles ils se tiendraient au service du roi (Dn 1.5). En tant que chef de file, Daniel annonça dès le départ les couleurs de son équipe en se démarquant des autres étudiants : *Daniel résolut de ne pas se souiller par les mets du roi et par le vin dont le roi buvait, et il supplia le chef des eunuques de ne pas l'obliger à se souiller* (Dn 1.8). Une telle prise de position en pareille situation comportait beaucoup de risques. Mais elle fut d'autant primordiale en ce que leur avenir dans le palais royal en dépendait. *Dieu fit trouver à Daniel faveur et compassion devant le chef des eunuques* (Dn 1.9).

En effet, Daniel et ses trois compagnons choisirent *la bonne part* (*cf.* Lc 10.41-42) et optèrent pour la différence et pour l'excellence. Ils préférèrent la décence (*cf.* Dn 1.12, 16) à la bombance (*cf.* Dn 1.5), parce qu'ils craignaient Dieu (*cf.* Dn 1.8). En retour, Dieu les honora et les distingua de tous les autres jeunes gens de leur promotion et de leur génération. *Dieu accorda à ces quatre jeunes gens de la science, du discernement dans toutes les lettres, et de la sagesse ; et Daniel expliquait toutes les visions et tous les rêves* (Dn 1.17). Alors ils finirent leur cycle de formation avec un succès sans précédent et une mention exceptionnelle.

Daniel et ses compagnons démontrèrent par leurs résultats que l'excellence était possible, à condition de s'employer à en faire les frais, à en payer le prix et non à tricher ou à corrompre. Le secret d'une telle prouesse se trouvait dans le fait qu'ils faisaient de l'Éternel leurs délices (*cf.* Ps 37.4) et leur priorité. Ils savaient se consacrer entièrement à l'Éternel, leur Dieu (*cf.* Dt 18.13), en même temps qu'ils se concentraient sur leurs études. Il convient, en effet, de s'attacher fermement au Seigneur et à sa Parole ; c'est le gage de la réussite (*cf.* Jos 1.7-8 ; Ps 1.1-3), car c'est l'Éternel, le Dieu des cieux qui donne le succès (*cf.* Né 2.20). En même temps, doit-on s'employer à la constance et à la persévérance dans le travail, parce que c'est cela qui paie (*cf.* Jn 5.17 ; Ac 20.34-35 ; 2 Th 3.7-10) ; la paresse et la médiocrité ne pardonnent pas comme le reconnaît le texte de Proverbes 6.4-11.

Aux Juifs qui le poursuivaient pour avoir guéri un homme malade depuis trente-huit ans pendant le sabbat, Jésus répondit : *Mon Père travaille jusqu'à présent. Moi aussi, je travaille* (Jn 5.17). Plus tard, il dit à ses disciples : *Il nous faut travailler, tant qu'il fait jour, aux œuvres de celui qui m'a envoyé ; la nuit vient où personne ne peut travailler. Pendant que je suis dans le monde, je suis la lumière du monde* (Jn 9.4-5).

> [Jésus] *reflète sa gloire d'une manière éclatante et constitue l'empreinte exacte de son être, l'expression parfaite de sa nature. Par sa parole revêtue de l'autorité suprême, il continue à soutenir l'univers et à maintenir toutes les créatures en existence. Il a lui-même accompli l'œuvre de réconciliation entre Dieu et l'homme en nous purifiant de nos péchés...* (Hé 1.3)[10]

Jésus est la manifestation de la perfection à travers l'œuvre de rédemption.

c) Jésus : la perfection à travers la rédemption

> *Comme il y pensait, voici qu'un ange du Seigneur lui apparut en songe et dit : Joseph, fils de David, ne crains pas de prendre avec toi Marie, ta femme, car l'enfant qu'elle a conçu vient du Saint-Esprit, elle enfantera un fils, et tu lui donneras le nom de Jésus, car c'est lui qui sauvera son peuple de ses péchés. Tout cela arriva afin que s'accomplisse ce que le Seigneur avait déclaré par le prophète : Voici que la vierge sera enceinte ; elle enfantera un fils et on lui donnera le nom d'Emmanuel, ce qui se traduit : Dieu avec nous.* (Mt 1.20-23)

En fait, le Père aplanit lui-même le chemin de l'excellence devant le Fils, afin que par lui s'accomplisse son plan éternel de salut de la race humaine. L'Évangile de Luc nous dit que déjà dans son enfance, Jésus *était rempli de sagesse, et la grâce de Dieu était sur lui* (Lc 2.40). Quand il avait douze ans révolus, ses parents le trouvèrent dans le temple à Jérusalem, trois jours après la fête de Pâque :

> *[Il était] assis au milieu des docteurs, les écoutant et les questionnant. Tous ceux qui l'entendaient étaient surpris de son intelligence et de ses réponses... Sa mère lui dit : Enfant, pourquoi nous as-tu fait cela ? Voici que ton père et moi nous te cherchons avec angoisse. Il leur dit : Pourquoi me cherchiez-vous ? Ne saviez-vous pas qu'il faut que je m'occupe des affaires de mon Père ?... Et Jésus croissait en sagesse, en stature et en grâce, devant Dieu et devant les hommes.* (Lc 2.46-52)

À trente ans, *Jésus vint de Nazareth en Galilée, et il fut baptisé par Jean dans le Jourdain. Au moment où il sortait de l'eau, il vit les cieux s'ouvrir et l'Esprit*

---

[10] Parole Vivante.

descendre sur lui comme une colombe. Et une voix (se fit entendre) des cieux : Tu es mon Fils bien-aimé, objet de mon affection (Mc 1.9-11). Par la suite, il rassembla autour de lui quelques amis qui devinrent ses disciples. C'étaient des gens comme tout le monde : des pêcheurs comme Pierre et Jean, ou un douanier comme Matthieu. Ainsi forma-t-il équipe avec eux et exerça-t-il son ministère dans la dépendance du Père et dans l'obéissance à lui. Souvent, Jésus entra dans la synagogue le jour du sabbat et enseigna. Son enseignement en étonnait beaucoup, *car il enseignait comme ayant autorité et non comme les scribes* (*cf.* Mc 1.21-22).

Aux prises avec les Pharisiens qui n'arrêtaient pas de lui dénier son identité et de lui contester son autorité, il les mit au défi : *Qui de vous me convaincra de péché ?...* (Jn 8.46). Aux Sadducéens qui disaient qu'il n'y avait pas de résurrection et qui, pour l'éprouver, lui posèrent une question allant dans ce sens, Jésus répondit : *Vous êtes dans l'erreur, parce que vous ne comprenez ni les Écritures, ni la puissance de Dieu* (Mt 22.29). En réponse à Thomas qui affirmait ne pas savoir le lieu où il disait vouloir s'en aller ni le chemin, il dit : *Moi, je suis le chemin, la vérité et la vie. Nul ne vient au Père que par moi* (Jn 14.6). À l'un des gardes qui se trouvaient dans la cour du souverain sacrificateur qui l'interrogeait sur ses disciples et sur son enseignement, lequel lui donna une gifle, pensant qu'il manquait du respect au souverain sacrificateur dans sa réponse, il répondit : *Si j'ai mal parlé, prouve ce qu'il y a de mal ; et si j'ai bien parlé, pourquoi me frappes-tu ?* (Jn 18.23).

En effet, de Bethléhem à Golgotha en passant par Gethsémané, de la crèche à la croix en passant par le prétoire, Jésus savait garder le cap et manifester l'excellence. Et pour avoir su tout accomplir (*cf.* Jn 19.30), *le châtiment qui nous donne la paix est (tombé) sur lui, et c'est par ses meurtrissures que nous sommes guéris... L'Éternel a fait retomber sur lui la faute de nous tous* (Es 53.5-6). *C'est ainsi qu'il (nous) a obtenu une rédemption éternelle* (Hé 9.12). C'est ce crucifié de Jésus que *Dieu a fait Seigneur et Christ* (Ac 2.36) d'une excellence incomparable, de toute éternité et en toute fidélité (*cf.* Ph 2.6-11 ; 2 Tm 2.13).

3. La fidélité

La fidélité est une qualité, une valeur ou une vertu reconnue à une personne qui tient parole, ou qui fait preuve de loyauté envers autrui, par rapport à un principe donné, ou vis-à-vis d'un texte de loi, etc. C'est aussi un choix à faire.

On doit nous considérer comme les serviteurs du Christ et les responsables chargés de faire connaître les mystères de Dieu. Finalement, ce qu'on demande à des responsables, c'est d'être fidèles (1 Co 4.1-2)[11]. Car le Dieu qui vous a appelés à la communion de son Fils Jésus-Christ, notre Seigneur est fidèle : il tient ses promesses (1 Co 1.9)[12]. Celui qui vous a appelés est fidèle. Vous pouvez lui faire confiance, il le fera et mènera à bonne fin l'œuvre commencée en vous (1 Th 5.24).

Les Écritures témoignent de la fidélité de Dieu envers ses enfants et de l'accomplissement de ses promesses. Nous sommes appelés à suivre son exemple et à être fidèles envers lui et les autres. Nous voyons aussi de nombreux exemples dans la Bible de personnes qui ont été fidèles à Dieu. Telle fut la merveilleuse expérience qu'il était donné à Joseph de faire toute sa vie durant. En plus d'être l'homme de la situation, il est un modèle à imiter.

a) Joseph : un modèle à imiter

De bout en bout, l'histoire de Joseph est marquée par la fidélité de Dieu et la fidélité à Dieu. Autant l'Éternel était avec lui, étendant sur lui sa bienveillance, et soutenant chaque étape de sa vie par sa fidélité, autant il s'attachait fidèlement à Dieu, lui consacrant entièrement sa vie et faisant preuve de fidélité à tous égards et à différents niveaux.

Dans la maison de Potiphar, par exemple, il arriva que la femme de son maître portât les yeux sur lui et dise : *Couche avec moi !* Mais il refusa et lui dit en retour :

> *Voici qu'avec moi mon maître ne s'occupe de rien dans la maison et qu'il a remis entre mes mains tout ce qui lui appartient ; il n'y a personne de plus grand que moi dans cette maison, et il ne m'a rien interdit, sauf toi, parce que tu es sa femme. Comment ferais-je un aussi grand mal et pécherais-je contre Dieu ? Elle avait beau en parler jour après jour à Joseph, il n'écoutait pas ses propositions de coucher avec elle.* (Gn 39.7-10)

Mais la femme ne baissa pas les bras :

> *Un jour, il entra dans la maison pour faire son ouvrage. Il n'y avait là, dans la maison, personne des gens de la maison ; alors elle le saisit par*

---

[11] La Bible Parole de vie, en français fondamental.
[12] Parole vivante.

son vêtement en disant : Couche avec moi ! Joseph lui abandonna son vêtement dans la main et s'enfuit au dehors. (Gn 39.11-12)

Dans la prison, il joua pleinement son rôle (Gn 40.4, 6-8) et expliqua fidèlement leurs rêves au grand échanson et au grand panetier (*cf.* Gn 40.9-19). Il le fit autant pour le Pharaon qui l'envoyait chercher de la prison à cet effet ; il lui donna du même coup de précieux conseils d'obédience managériale s'y afférent (*cf.* Gn 41.9-36). Dans le palais du Pharaon, Joseph assura pleinement ses charges de gouverneur (*cf.* Gn 41.46-49, 53-57 ; 47.13-26), usa de la miséricorde et de la compassion envers sa famille à laquelle il demeurait fidèle (Gn 42.1-47.12, 27-31), et reconnut avoir été envoyé en Égypte, non par sa famille mais par Dieu, témoignant ainsi de la souveraineté et de la fidélité de Dieu à son égard (Gn 45.7-8). Aussi dit-il : *Vous aviez formé le projet de me faire du mal, Dieu l'a transformé en bien, pour accomplir ce qui arrive aujourd'hui, et pour sauver la vie d'un peuple nombreux* (Gn 50.20).

> *Ce que nous sommes, nous le devons à Dieu. Il nous a recréés en Christ pour nous faire accomplir, dans la communion avec lui, les bonnes actions qu'il a préparées depuis longtemps pour nous. Voilà la vie conforme à la volonté de Dieu, celle pour laquelle il a tout arrangé d'avance ; il a préparé notre chemin afin que nous n'ayons plus qu'à y marcher.* (Ep 2.10)[13]

Encore faut-il que l'on apprenne à prendre le bon départ et à choisir *la bonne part* (Lc 10.42). L'histoire de Joseph est pleine de rebondissement et d'enseignement comme celle d'un autre gouverneur du nom de Néhémie.

b) Néhémie, l'échanson et le gouverneur

Néhémie était un captif au service du roi dans un pays étranger. Bien loin des siens et dans un contexte tout à fait autre que le sien, il s'attacha fermement à son Dieu et resta attaché à sa famille, preuve de sa fidélité. En demandant des nouvelles à propos des Juifs rescapés en captivité il apprit que : *Ceux qui sont restés de la captivité sont là dans la province, au comble du malheur et du déshonneur ; la muraille de Jérusalem a des brèches, et ses portes sont brûlées par le feu* (Né 1.3).

---

[13] Parole Vivante.

Lorsque j'entendis ces paroles (disait-il), je m'assis, je pleurai et, pendant plusieurs jours je pris le deuil, je jeûnai, je priai devant le Dieu des cieux... (Né 1.4)

Malgré son statut de prisonnier de guerre, Néhémie se sentait concerné par la situation de sa famille et de son pays. Se référant aux valeurs qui étaient les siennes, il s'en remit fidèlement à Dieu qui lui mit à cœur de se rendre en Juda pour rebâtir les murailles de Jérusalem (*cf.* Né 2.5, 11-12). Il transforma en vision les informations qu'il avait reçues (*cf.* Né 1.3) et ce que Dieu lui avait *mis à cœur de faire pour Jérusalem* (Né 2.12), puis il la communiqua fidèlement à d'autres. Il leur dit alors : *Vous voyez le malheur où nous sommes ! Jérusalem est détruite, et ses portes sont brûlées par le feu ! Venez, rebâtissons la muraille de Jérusalem, et nous ne serons plus dans le déshonneur* (Né 2.17). Ces personnes décidèrent de le suivre dans cette entreprise (*cf.* Né 2.18). Ils se mirent donc au travail (*cf.* Né 3), et malgré les agitations des ennemis extérieurs (*cf.* Né 2.19 ; 3.33-35 ; 4.1-2, 5 ; 6.1-9) et intérieurs (*cf.* Né 4.4 ; 6.17-19 ; 13.28), ils firent confiance au Seigneur (*cf.* Né 2.20 ; 4.3, 6-17) qui anéantit oppositions et résistances (*cf.* Né 4.9). Alors la muraille fut achevée en 52 jours par la volonté de Dieu (*cf.* Né 6.15-16).

Néhémie assurait ses charges de gouverneur de Juda en toute fidélité : *Pendant douze ans, ni moi ni mes frères n'avons vécu des revenus du gouverneur* (Né 5.14). Il s'est ainsi démarqué des premiers gouverneurs qui exploitaient le peuple (*cf.* Né 5.15). Il en donna la raison en disant :

> *Je n'ai pas agi de la sorte, par crainte de Dieu. Bien plus, j'ai travaillé à la réparation de cette muraille, et nous n'avons acheté aucun champ, et tous mes jeunes serviteurs rassemblés étaient à l'ouvrage. J'avais à ma table cent cinquante hommes, Juifs et magistrats, outre ceux qui venaient à nous des nations d'alentour. On apprêtait chaque jour à mon compte un bœuf, six moutons choisis et des oiseaux ; et tous les dix jours on préparait en abondance tout le vin nécessaire. Malgré cela, je n'ai pas réclamé les revenus du gouverneur, parce que le service pesait lourdement sur ce peuple.* (Né 5.14-18)

Il était caractérisé par une fidélité sans faille ; il savait faire la part des choses et jusqu'où exercer son autorité. Lorsqu'il se rendit chez Chemaeya, ce dernier s'étant enfermé, lui disait :

> *Allons ensemble dans la maison de Dieu, au milieu du temple ; car ils viennent pour te tuer, et c'est pendant la nuit qu'ils viendront pour te*

tuer. Néhémie lui répondit : Un homme comme moi prendre la fuite ! Et quel homme tel que moi pourrait entrer dans le temple et vivre ? Je n'entrerai pas. (Né 6.10-11)

Sachant qu'il était un laïc et non un sacrificateur, il *ne pouvait pas pénétrer dans le temple sans être la cause d'une profanation* (Nb 18.7). Faisant preuve de discernement, il s'était rendu compte que ce que disait Chemaeya ne venait pas de Dieu. Sanballat et Tobiya avaient envoyé Chemaeya dans le but de faire pécher Néhémie (*cf.* Né 6.12-13).

Mais sa fidélité le sauva comme les deux serviteurs dont la fidélité leur a valu d'être approuvés par leur maître qui les distingua du troisième.

c) Les deux des trois serviteurs du maître

Dans la parabole des talents, Jésus donna une excellente leçon de management en mettant un accent particulier sur la créativité et la fidélité. Il dit qu'un homme, avant de partir en voyage, remit ses biens à ses serviteurs.

> *Il donna cinq talents à l'un, deux à l'autre, et un au troisième, à chacun selon sa capacité, et il partit en voyage. Aussitôt celui qui avait reçu les cinq talents s'en alla, les fit valoir et en gagna cinq autres. De même, celui qui avait reçu les deux talents en gagna deux autres. Celui qui n'en avait reçu qu'un alla faire un trou dans la terre et cacha l'argent de son maître.* (Mt 25.14-18)

D'après la parabole des talents, à son retour, le maître demanda à ses serviteurs de lui rendre compte, chacun à son tour. Celui qui avait reçu les cinq talents s'approcha et dit : *Seigneur, tu m'avais confié cinq talents ; en voici cinq autres que j'ai gagnés. Son maître lui dit : Bien, bon et fidèle serviteur, tu as été fidèle en peu de choses, je t'établirai sur beaucoup ; entre dans la joie de ton maître* (Mt 25.20b-21). Il en fut de même pour celui qui avait reçu les deux talents et qui en avait gagné deux autres (*cf.* Mt 25.22-23).

Mais celui qui n'en avait reçu qu'un et qui l'avait plutôt caché dans la terre, s'approcha et dit à son maître de reprendre son unique talent. Le maître le qualifia de *serviteur mauvais et paresseux*, et il ordonna :

> *Ôtez-lui donc le talent, et donnez-le à celui qui a les dix talents. Car on donnera à celui qui a, et il sera dans l'abondance, mais à celui qui n'a pas on ôtera même ce qu'il a. Et le serviteur inutile, jetez-le dans*

les ténèbres du dehors, où il y aura des pleurs et des grincements de dents. (Mt 25.28-30)

En plus d'être une valeur à laquelle Dieu tient tant, parce que c'est aussi un de ses caractères, la fidélité est un impératif du Seigneur assorti d'une promesse : *(…) Sois fidèle jusqu'à la mort, et je te donnerai la couronne de vie* (Ap 2.10). Dans la prière du roi Ézéchias en réponse aux ordres que l'Éternel lui demanda de donner à sa maison avant de mourir, on découvre qu'il était un homme de valeur. *Il disait : De grâce, Éternel, souviens-toi donc que j'ai marché devant ta face avec fidélité et intégrité de cœur, et que j'ai fait ce qui est bien à tes yeux !...* (Es 38.3). Il faisait autant preuve de fidélité que d'intégrité.

4. L'intégrité

L'intégrité, c'est l'état d'une chose qui est entière, qui est en bon état ; c'est la qualité d'une personne qui ne se laisse pas corrompre, sa manière d'être et de s'appliquer dans sa vie et dans son système de valeurs. Pour Sanders et Stamp, « l'intégrité est, par essence, synonyme d'honnêteté et de droiture. C'est l'être intérieur authentique qui se reflète à l'extérieur. C'est un caractère régulier dans lequel les plus proches remarquent la plénitude et l'honnêteté[14] ». D'après Djidéti, « l'intégrité c'est la concordance ou la cohérence entre l'éthique[15] et la morale[16], entre le discours et sa pratique[17] ». C'est donc un choix à faire à l'instar de Noé.

a) Noé, l'homme qui obtint la faveur de Dieu

À mesure que les gens deviennent nombreux, les choses se compliquent, dit une sagesse africaine. Ce fut certainement le cas du temps de Noé :

lorsque les hommes eurent commencé à se multiplier à la surface du sol, et que des filles leur furent nées, les fils de Dieu virent que les filles des hommes étaient belles, et ce fut parmi elles qu'ils choisirent leurs

---

[14] Martin SANDERS et Alain STAMP, *Multiplier les leaders, (le mentorat, l'art de l'accompagnement)*, Marpent, Éditions BLF, 2012, p. 117.

[15] Paul DJIDETI, *Le fonctionnaire chrétien, sa profession et son témoignage*, Communication faite au séminaire de formation des travailleurs séculiers, du 22 au 29 juillet 2012, à l'Assemblée Chrétienne, Avenue Mobutu (ACAM), N'Djamena (Tchad), p. 10 : « L'éthique est la norme définie du juste et du faux, du bien et du mal, ce qu'on dit être, qu'on croit être juste, faux, bien, mal. Dans Mt 23, l'éthique recoupe ce que les Pharisiens croient être bien et qu'ils enseignent ».

[16] *Ibid.* « La morale dénote la norme vécue du juste, du faux, du bien et du mal. C'est ce que les Pharisiens font, pratiquent ».

[17] *Ibid.*

femmes… L'Éternel vit que la méchanceté de l'homme était grande sur la terre, et que chaque jour son cœur ne concevait que des pensées mauvaises (Gn 6.1-2, 5).

Noé était un homme juste et intègre parmi ses contemporains ; Noé marchait avec Dieu (alors que) la terre était corrompue devant Dieu, la terre était pleine de violence. Dieu vit que la terre était corrompue ; car toute chair avait une conduite corrompue sur la terre (Gn 6.9, 11-12).

La corruption et la lutte pour son éradication ne sont pas des phénomènes nouveaux, elles sont aussi vieilles que l'humanité. Les formes de corruption peuvent être diverses et variées, tout comme la lutte que l'on engage ici et là contre elle peut prendre d'autres couleurs avec des proportions différentes. Mais dans le fond, il n'y a rien de nouveau.

Tout comme la corruption prend des proportions inquiétantes aujourd'hui, de même, du temps de Noé, la terre en était remplie. Dieu lui-même vit la corruption qui régnait sur la terre parmi ses habitants, à l'exception de Noé. Alors l'Éternel traita une alliance avec lui, fit venir le déluge sur la terre et y détruisit toute chair qui avait souffle de vie sous le ciel. Ainsi périt tout ce qui était sur la terre. *Il ne resta que Noé et ce qui était avec lui dans l'arche* (Gn 7.23c ; *cf.* 6.17-21 ; 7.21-23a, b).

Dieu se souvint de Noé et celui-ci bâtit un autel à l'Éternel. En tant qu'il était un homme juste et intègre parmi ses contemporains, Noé avait suivi les instructions de Dieu (*cf.* Gn 6.22). Alors *Dieu se souvint de lui* (Gn 8.1) comme il eut de la considération pour Job (*cf.* Jb 42.9).

b) Job, le plus considérable de tous les fils de l'Orient

J'avais fait un pacte avec mes yeux ; comment aurais-je pu fixer mon attention sur une vierge ? Quelle part Dieu (m'aurait-il réservée) d'en haut ? Quel héritage le Tout-Puissant (m'aurait-il envoyé) des cieux ? (…) Si j'ai marché dans la fausseté, si mon pied s'est hâté vers la ruse, que Dieu me pèse dans des balances justes, et qu'il reconnaisse mon intégrité ! (Jb 31.1-2, 5-6)

Job était un homme *intègre et droit ; il craignait Dieu et s'écartait du mal* (Jb 1.1). Il avait sept fils et trois filles. Il possédait de grands biens et un personnel en grand nombre. C'était *le plus considérable de tous les fils de l'Orient* (Jb 1.3). Il était si pieux (*cf.* Jb 1.4-5) que l'Éternel rendit de lui à deux reprises à Satan ce témoignage : *As-tu remarqué mon serviteur Job ? Il n'y a personne comme lui sur la terre ; c'est un homme intègre et droit, qui craint Dieu et s'écarte du mal* (Jb 1.8 ; 2.3a-c). Puis il ajouta : *Il demeure ferme dans son intégrité, et tu m'incites à le perdre sans cause* (Jb 2.3d).

Quand s'abattit sur lui une série d'épreuves (*cf.* Jb 1.13-19), Job resta fidèle à Dieu : *Nu je suis sorti du sein de ma mère, et nu j'y retournerai. L'Éternel a donné, et l'Éternel a ôté ; que le nom de l'Éternel soit béni ! En tout cela, Job ne pécha pas et n'attribua rien de scandaleux à Dieu* (Jb 1.20-22).

Par la suite, il fut frappé d'un ulcère. Au plus fort de sa détresse, en proie à la douleur et à la souffrance, sa femme lui dit : *Tu demeures ferme dans ton intégrité ! Maudis Dieu, et meurs ! Mais il lui répondit : Tu parles comme une femme insensée ! Quoi ! nous recevrions de Dieu le bien, et nous ne recevrions pas aussi le mal ! En tout cela, Job ne pécha point par ses lèvres* (Jb 2.9-10).

Ses amis au nombre de trois apprirent tout ce qui lui était arrivé et allèrent lui rendre visite pour lui apporter du réconfort.

> *Ayant de loin levé les yeux sur lui, ils ne le reconnurent pas et se mirent à sangloter. Ils déchirèrent leurs manteaux, et jetèrent de la poussière en l'air au-dessus de leur tête. Ils s'assirent avec lui par terre, pendant sept jours et sept nuits, personne ne lui disait une parole, car ils voyaient que sa douleur était fort grande.* (Jb 2.11-13)

Après cela, Job se décourage face à tout ce qui lui arrive : *Périsse le jour où je suis né, et la nuit qui dit : Un enfant mâle est conçu !* (Jb 3.3). Alors ses amis prirent la parole à tour de rôle pour le sermonner au point de le culpabiliser. Mais en tout cela, il n'offensa pas Dieu. Et l'Éternel eut de la considération pour lui ; il rétablit sa situation et bénit la dernière partie de sa vie plus que la première.

Job eut trois amis venus pour le réconforter dans tout ce qui lui était arrivé, et Daniel en eut également trois, des compagnons de captivité mais aussi des fils de Juda comme Daniel lui-même. En rapport avec le fait d'être surdoué, il est dit que Daniel était un homme à *l'esprit supérieur* (Dn 6.4).

c) Daniel, l'homme à l'esprit supérieur

La reine-mère dit au roi Belchatsar :

> *Il y a dans ton royaume un homme ayant en lui l'esprit des dieux saints. Et du temps de ton père, on trouva chez lui des lumières, de l'intelligence et une sagesse semblable à la sagesse des dieux. Aussi le roi*

Neboukadnetsar, ton père, l'établit chef des magiciens, des astrologues, des Chaldéens, des devins –c'était le roi, ton père- parce qu'on a trouvé chez lui, chez Daniel, nommé par lui Beltchatsar, un esprit supérieur, de la science et de l'intelligence, la faculté d'expliquer les rêves, de déchiffrer les énigmes et de résoudre les questions difficiles ; que Daniel soit donc appelé, il donnera l'explication. (Dn 5.11-12)

Le roi l'envoya chercher, et Daniel lui donna effectivement l'explication de la mystérieuse écriture, après lui en avoir fait la lecture (*cf.* Dn 5.3-5, 17, 23-28). *Aussitôt Belchatsar fit revêtir Daniel de pourpre, fit mettre à son cou un collier d'or et publia qu'il aurait la troisième place dans le gouvernement du royaume* (Dn 5.29). Ensuite, Daniel fut promu par Darius (*cf.* Dn 5.29-6.3) et ses collaborateurs se mirent alors en tête de trouver une raison pour l'accuser en ce qui concernait les affaires du royaume, mais : *Ils ne purent trouver aucune occasion, ni aucune erreur, parce qu'il était fidèle, et qu'on ne trouvait chez lui ni négligence, ni erreur* (Dn 6.4-5).

Par ailleurs, malgré l'épreuve de la fournaise ardente (*cf.* Dn 3.15-18, 22-30) et de la fosse aux lions (*cf.* Dn 6.6-29), Daniel et ses trois compagnons demeurèrent fermes dans leur intégrité ; ils restèrent attachés à l'Éternel, le Dieu de leurs pères Abraham, Isaac et Jacob.

C'est pourquoi on doit administrer les biens de la cité avec fidélité et intégrité, sans erreur ni négligence. De la sorte, l'ennemi est confondu, le développement du pays et la prospérité de ses habitants s'ensuivent. On en vient à reconnaître que le Dieu vivant et vrai est le Dieu des dieux et le Seigneur des rois. C'est ce que le Seigneur attend des uns et des autres au sein de l'Église et au niveau de toute institution quelconque.

Une personne intègre ne fait pas les choses à moitié : ou elle fait ou elle ne fait pas, ou elle s'engage ou elle ne s'engage pas, elle n'est pas de nature à avoir un pied dedans et un pied dehors, elle n'est pas non plus du genre à poursuivre deux lièvres à la fois, comme c'est le cas des gens aujourd'hui hyper occupés avec plusieurs responsabilités du coup, qu'on voit à la fois partout et nulle part, faisant en même temps tout et rien. Une personne intègre n'est pas non plus celle qu'on trouve *servant deux maîtres*, car elle *haïra l'un et aimera l'autre*, ou elle *s'attachera à l'un et méprisera l'autre*. Elle ne peut *servir Dieu et Mamon* (Mt 6.24). On comprend pourquoi la plupart des gens attachés à l'intégrité sont perfectionnistes ou ont une tendance perfectionniste.

Qu'en tout temps tes vêtements soient blancs, et que l'huile ne manque pas sur ta tête… Tout ce que ta main trouve à faire avec ta force, fais-le ; car il n'y a ni activité, ni raison, ni science, ni sagesse dans le séjour des morts où tu vas (Ec 9.8, 10). Ainsi doit-il en être de quiconque s'emploie à relever le défi de la différence, de l'excellence, de la fidélité et de l'intégrité en toutes situations. Et c'est dans ce sens qu'on en vient au mot de la fin.

Le mot de la fin

On connaît l'arbre à son fruit (*cf.* Mt 7.16-19). Dans la maison de Dieu, l'on doit être comme des faucilles entre les mains de Dieu pour la moisson, *un vase d'un usage noble, sanctifié, utile à son maître, propre à toute oeuvre bonne* (2 Tm 2.21). Car *ceux qui sèment avec larmes moissonneront avec cris de triomphe. Celui qui s'en va en pleurant, quand il porte la semence à répandre, s'en revient avec cris de triomphe, quand il porte ses gerbes* (Ps 126.5-6).

Réflexion et action

1) L'Église de Jésus-Christ est appelée à être différente, excellente, fidèle et intègre à tous les niveaux. Quels défis cela représente-t-il ? Comment les exemples cités des personnages bibliques vous encouragent-ils ?

2) Des choses bougent et des situations changent dans le bon sens quand l'Église de Jésus-Christ accomplit fidèlement sa mission. Que lui faut-il concrètement pour réaliser une telle prouesse ?

3) Dans une situation donnée l'on doit trouver une solution appropriée. Quelles stratégies conformes aux champs qui blanchissent déjà pour la moisson votre église ou assemblée locale doit-elle mettre en œuvre ?

CONCLUSION

Une période de l'Occident appelée le Siècle des Lumières a détrôné Dieu pour mettre la Raison Humaine à sa place. L'un des slogans de la révolution des étudiants en mai 1968 en France par exemple était, ni Dieu, ni autorité ! Plusieurs intellectuels africains ont été pris au piège du rejet de Dieu par le biais de l'éducation reçue de l'Occident. La mutation s'est vite produite dans un processus d'abandon d'une conviction africaine fondamentalement religieuse pour embrasser un athéisme intellectuel qui refuse ce qui est spirituel dans ses affaires[1].

Ne vous y trompez pas : on ne se moque pas de Dieu. Ce qu'un homme aura semé, il le moissonnera aussi. Celui qui sème pour sa chair, moissonnera de la chair la corruption ; mais celui qui sème pour l'Esprit, moissonnera de l'Esprit la vie éternelle. (Ga 6.7-8)

Quand on élimine Dieu de l'événement, on en fait un non-événement et un non-lieu à sa tête. Le roi David, cet homme selon le cœur de Dieu, l'a appris à ses dépens. Toutes les fois où il consultait l'Éternel Dieu avant d'agir, tout lui réussissait. Dieu se mettait de son côté ; il soutenait ses luttes, combattait ses combats et lui donnait la victoire sur ses ennemis (*cf.* 1 S 23.1-5, 9-13 ; 30.6-10, 17-19 ; 2 S 2.1-4 ; 5.17-25 ; 21.1). Mais quand il lui arrivait d'agir sans avoir au préalable consulté Dieu, il en faisait à sa tête, et rien ne marchait, ses ennemis l'emportait sur lui (*cf.* 2 S 10.1-5 ; 2 S 11 ; 1 Ch 21.1-14).

Par contre, le Fils de David que l'on appelle Jésus de Nazareth, n'agissait jamais sans recourir d'abord au Père céleste. *Ma nourriture est de faire la volonté de celui qui m'a envoyé et d'accomplir son œuvre*, dit-il à ses disciples (Jn 4.34). Il passa d'ailleurs toute une *nuit dans la prière à Dieu* avant de choisir ses disciples (Lc 6.12). Et aux Juifs qui le poursuivaient pour avoir guéri l'infirme de Béthesda pendant le sabbat, il fit observer :

---

[1] Abel NDJERAREOU, « Apport de la formation théologique à la situation d'un monde en pleine mutation », dans *Revisiter la théologie en Afrique contemporaine*, Abidjan, CITAF, 2016, p. 135.

Mon Père travaille jusqu'à présent. Moi aussi je travaille… En vérité, en vérité, je vous le dis, le Fils ne peut rien faire par lui-même, mais seulement ce qu'il voit faire au Père ; et tout ce que le Père fait, le Fils aussi le fait également… Moi, je ne peux rien faire par moi-même… parce que je ne cherche pas ma volonté, mais la volonté de celui qui m'a envoyé. (Jn 5.17, 19, 30)

Jésus agissait selon la volonté du Père et le consultait pour chacune de ses décisions. Nous sommes invités à suivre son exemple et à faire de même dans nos vies.

Le Créateur et Maître de l'univers est le Dieu de l'histoire, du présent et de l'avenir, en tant qu'il *est le même hier, aujourd'hui et pour l'éternité* (Hé 13.8), *le premier et le dernier, le vivant* (Ap 1.17-18), mais il est aussi le Dieu de l'événement. L'on a tout intérêt à lui faire place au cœur de nos vies et de tout événement, car il est le Dieu dont la présence fait la différence.

Celui qui saura introduire les principes de base du christianisme dans les affaires publiques changera la face du monde… (Benjamin Franklin, inventeur et politicien américain).

SORO, Soungalo, *Le nom et la personnalité, Comment choisir un nom biblique*, Abidjan, PBA, 2004.

THOMPSON, J. M., « Post-Modernism », *The Hibbert Journal* Vol XII No. 4, juillet 1914.

ZOKOUE, Isaac, *Revisiter la théologie en Afrique francophone*, Abidjan, CITAF, 2016.

ZOKOUE, Isaac, *Brève mise au point sur Noël*, Bangui, CERTA, 2007.

« 30 jours de prière pour le monde musulman », 20ème édition, 2011.

WEBOGRAPHIE

Encyclopédie Larousse, « Postmodernisme », https://www.larousse.fr/encyclopedie/divers/postmodernisme/65020 (consulté le 19 janvier 2019).

https://www.techno-science.net/glossaire-definition/Mondialisation.html (consulté le 19 janvier 2019).

Le Parisien, « Saint-Valentin : origine et histoire de la fête des amoureux », http://www.leparisien.fr/guide-shopping/saint-valentin-origine-et-histoire-de-la-fete-des-amoureux-02-02-2018-7538025.php (consulté le 25 février 2019).

Linternaute, « Saint Valentin 2019 : tout savoir sur les origines de cette fête », http://www.linternaute.com/savoir/dossier/06/saint-valentin/personnage.shtml (consulté le 9 juillet 2009).

Lydie Grivalliers, « Connaissez-vous la saint-Jésus », Top chrétien, http://www.topchretien.com/topinfo/view/12293/connaissezvous-la-saint-jesus.html (consulté le 12 mai 2009).

« Origines de Pâques », http://seltzparoisse.free.fr/origine_de_paques.htm (consulté le 28 janvier 2012).

Presse fédéraliste, revue trimestrielle de débat et de culture fédéraliste, mars 2012, n° 155, https://www.pressefederaliste.eu/IMG/pdf/fedechosespd40e1.pdf (consulté le 15 janvier 2019).

RTL, « Saint-Valentin 2016 : d'où vient cette tradition ? », http://www.rtl.fr/actu/societe-faits-divers/saint-valentin-d-ou-vient-cette-tradition-7781877698 (consulté le 3 juillet 2016).

Top chrétien, « Pâques Pâque, pascha, Pessa'h », http://topchretien.jesus.net/topfamille/view/9431/paques-paque-pascha-pessah.html (consulté le 28 janvier 2012).

ANNEXE

MOT DE CONSÉCRATION DU 28 AVRIL 2013[1]

En mémoire de Kodjim Asdodji Amos
Ce grand frère qui sut se laisser utiliser par le Seigneur
Pour aplanir devant moi le chemin des études à l'extérieur
Où Dieu accomplit son appel sur ma vie
Comme il le confirme aujourd'hui

Mesdames et messieurs,

Je rends grâces à Dieu, *le Père, de qui viennent toutes choses et pour qui nous sommes*, celui qui nous a donnés le Christ, le Seigneur, *par qui sont toutes choses et par qui nous sommes* (1 Co 8.6). Je confesse avec le psalmiste que c'est ici la journée que l'Éternel a faite, qu'elle soit pour nous un sujet de joie et d'allégresse (*cf.*Ps 118.24).

Je me souviens de ce dimanche de novembre 1971 où je suis né dans le règne de Dieu en compagnie de mon jeune frère Jean Ngamine, à l'Assemblée Chrétienne de la ville de Moïssala qui m'a vu naître biologiquement le 7 janvier 1959. Cette nouvelle naissance, j'ai eu la grâce d'en rendre un témoignage public, en passant par les eaux de baptême, le 12 février 1977, dans cette même ville.

Je remercie du fond de mon cœur mes parents par qui Dieu m'a fait venir à l'existence. Ils ont su se donner et ont su tout donner pour faire de moi la personne que je suis aujourd'hui. Que Dieu le leur compte comme justice, car Dieu n'est pas injuste pour oublier leur action, ni l'amour qu'ils m'ont

---

[1] Dans le sens de discours programme.

103

témoigné (*cf.* Hé 6.10). Je me réjouis de l'éducation qu'ils m'ont donnée. Par la grâce de Dieu, j'ai examiné toutes choses, et j'ai retenu ce qui est bon (*cf.* 1 Th 5.21). J'ai appris de mon Feu père Gilbert Mamadou, alias Lamatmur pour les uns et Kokngo pour les autres, de lui, j'ai appris à travailler, à lire la Parole de Dieu, à prier et à lutter pour le bien-être de la famille. Ma mère, j'ai nommé Rachel Yonaroum[2], a marqué ma vie, en tant qu'elle est une femme courageuse, infatigable.

Je bénis l'Éternel Dieu qui m'a donné quatre frères et une sœur des seuls et mêmes père et mère. À part eux, Dieu m'a pourvu des oncles et des tantes, des cousins et des cousines, des neveux et des nièces, des amis et des connaissances, en grand nombre. C'est un privilège que celui d'être de la sorte entouré et accompagné. À travers eux, j'ai appris à aimer malgré et contre tout. Mais j'ai surtout appris à connaître l'être humain ou plutôt à me connaître moi-même.

Je dis ma joie et exprime ma reconnaissance au Seigneur en qui je trouve une nouvelle famille : cette famille dont il est le Dieu et dont Christ est le Maître et le Seigneur. Je me réjouis de la grâce d'être héritier de Dieu et cohéritier de Jésus avec mes frères et sœurs en Christ autour du monde. Ils sont une multitude que *nul ne peut compter, de toute nation, de toutes tribus, de tous peuples et de toutes langues.* Bientôt, ensemble, nous allons nous tenir *devant le trône et devant l'Agneau, vêtus de robes blanches, des palmes à la main* (Ap 7.9).

J'exalte les bontés de l'Éternel, notre Dieu, en même temps que je remercie de tout cœur le pasteur Alexis Ngarndigna Ngaro Dog[3], et avec lui tout le Conseil, pour la confiance qu'ils me font de me confier les charges de pasteur de cette auguste et merveilleuse congrégation, j'ai nommé l'Assemblée Chrétienne, Avenue Mobutu : ACAM. Cette confiance, j'ai conscience que je ne la mérite pas ; c'est seulement par pure grâce. J'avoue que jusque-là, j'ai eu le privilège d'assurer des charges de pasteur uniquement au sein des Groupes Bibliques Universitaires d'Afrique Francophone (GBUAF), représentés au Tchad par l'Union des Jeunes Chrétiens (UJC). Ma prière est que le Seigneur qui me fait cet honneur à travers vous, m'aide à trouver en lui-même, les ressources nécessaires et suffisantes, afin d'accomplir cette mission de manière à ne pas décevoir les uns et les autres, encore moins le Seigneur. Je félicite le pasteur et avec lui tout le Conseil pour l'excellente œuvre qu'ils ont abattue jusque-là, par la grâce de Dieu. Je m'empresse qu'ensemble l'on poursuive cette

---

[2] Il a plu au Père de l'élever à la gloire le 3 mars 2015.
[3] Il a plu au Père de l'élever à la gloire le 22 mars 2015.

œuvre bénie avec zèle, amour et foi. Car c'est notre œuvre ensemble pour le Roi des rois ! (*cf.* Ps 45.2).

En effet, c'est au 8ᵉ camp national de l'UJC du Tchad, tenu du 20 au 27 juillet 1976 à Béré, dans la Tandjilé, que j'ai reçu l'appel du Seigneur, au moment où le Révérend pasteur René Ma Djongwé Daïdanso[4], alors orateur principal enseignait avec autorité. Je me rappelle que, jeune garçon, mon neveu Jean-Jacques Longo a comme prophétisé dans ce sens à Moïssala, suivi plus tard par ma cousine Chiphra Doumra à N'Djamena et par Mme Diane Dembélé, une sœur en Christ, à Ouagadougou (Burkina Faso). Là, à Ouagadougou, ce qui devait arriver arriva : en 1993, je démissionnai de mes charges d'enseignant et m'engageai pour le Seigneur comme Consultant des Groupes Bibliques Universitaires d'Afrique Francophone (GBUAF) en Guinée Conakry, puis au Niger, au Burkina Faso et au Tchad, ma patrie, où je suis établi avec ma famille depuis septembre 2005.

Je confesse avec l'apôtre Paul que *ce qui était pour moi un gain, je l'ai considéré comme une perte à cause du Christ. Et même je considère tout comme une perte à cause de l'excellence de la connaissance du Christ-Jésus, mon Seigneur. À cause de lui, j'ai accepté de tout perdre, et je considère tout comme des ordures, afin de gagner Christ...* (Ph 3.7-8). Comme l'a si bien dit Noël Colombier : « Dieu écrit droit avec des lignes courbes ».

J'en sais quelque chose. C'est pourquoi je remercie le Seigneur pour mon épouse, mon amie, ma compagne d'œuvre, j'ai nommé Aku Banibensu, originaire du Ghana, en Afrique de l'ouest. J'avoue qu'elle a fait le choix risqué d'aller avec moi où je vais, de demeurer où je demeure, de faire de mon peuple son peuple et d'appartenir au seul et même Dieu comme moi (*cf.* Rt 1.16). C'est une femme qui sait souffrir en silence, et dont le calme et la sérénité temporisent ma crainte et mon inquiétude, malgré l'épreuve de la maladie à laquelle elle fait face depuis des années. Aussi, par elle, Dieu essuie-t-il mes larmes. Puisse le Seigneur se souvenir d'elle, et prendre soin des enfants qu'il nous a donnés ! Ils sont quatre auxquels s'ajoutent de nombreux autres dans le Seigneur autour du monde. Dieu fasse que nos enfants fassent sa gloire et notre joie !

---

[4] Il a plu au Père de l'élever à la gloire le 27 septembre 2014.

Mesdames et messieurs,

Je rappelle que l'Assemblée Chrétienne, Avenue Mobutu (ACAM) est une Assemblée des frères ; et comme telle, son régime est congrégationaliste et ses bases sont la Parole de Dieu et la prière. C'est pourquoi, formant équipe avec les uns et les autres, ma tâche sera de faire en sorte que l'on revienne à notre premier amour et que l'on renoue avec ce qui nous caractérise. Je vais faire de la centralité des Écritures et de la pureté de la doctrine nos priorités. Aussi, vais-je m'employer à former systématiquement la congrégation, en mettant intentionnellement l'accent sur l'éducation chrétienne, la mission et l'évangélisation, la prière et l'intercession, le leadership transformationnel, les soins pastoraux, l'autosuffisance nuptiale, le développement intégral.

Quand on jette un coup d'œil aux quartiers Moursal, Pari-Congo, Ardep-Djoumal et autres, on se rend compte que de nombreux parents y vivent comme en attente dans la vallée de la décision. Nous irons les chercher famille par famille, grâce à Dieu, au moyen de l'évangélisation de proximité, un trimestre après l'autre. Par ailleurs, il va y avoir un culte d'évangélisation chaque dernier dimanche du mois dit *dimanche des amis*, où chaque membre de l'ACAM va y inviter un, deux ou trois de ses amis, parents ou connaissances en faveur desquels il prie en vue du salut. La finalité sera de bâtir plus tard une nouvelle communauté dans les environs.

S'agissant des cultes, des choses relatives aux horaires et à l'ordre vont être considérées et traduites dans les faits au plus tard fin septembre 2013. Un culte d'action de grâces sera désormais célébré le dimanche des rameaux, et celui qui couronnera la semaine des jeunes, le dimanche de Pentecôte. Le département *femmes et familles* va continuer de mettre à profit la Semaine Nationale de la Femme Tchadienne (SENAFET), pour traduire son plan d'action dans les faits. Un culte spécial lui sera consacré à cette fin. L'École du dimanche va marquer d'un cachet particulier la Journée Mondiale de l'Enfant (JME) célébrée le 16 juin de chaque année. Ce sera l'occasion rêvée pour elle de mener différentes activités et de poser des actes significatifs. Les limites de l'École du dimanche seront étendues par la mise en œuvre du club des ados, comme un cadre pouvant permettre aux jeunes de cette tranche d'âge, d'être entourés et accompagnés de manière à franchir cette étape de la vie sans trop de casses. Ce sera probablement en partenariat avec Jeunesse en mission (JEM).

Pour y arriver, j'ai besoin de la grâce toute suffisante du Père, de la puissance de la résurrection du Fils et de l'onction du Saint-Esprit, mais aussi de l'appui de tout le Conseil et de la main de communion de toute la congrégation que je veux debout comme un seul homme.

> *Si nous avons cette assurance, c'est de Christ que nous la tenons parce que nous nous appuyons sur Dieu. Car, par nos propres forces, nous sommes incapables d'accomplir quoi que ce soit, nous ne pouvons même pas concevoir une pensée valable de notre propre initiative, ou prendre une décision d'après nos lumières personnelles : toute notre compétence nous vient de Dieu. C'est lui seul qui nous a qualifiés pour être les ministres de sa nouvelle alliance avec les hommes...* (2 Co 3.4-6 ; Parole Vivante). *Car sans moi, vous ne pouvez rien faire*, dit Jésus (Jn 15.5).

Par ailleurs, je lance un vibrant appel à vous qui avez claqué la porte pour une raison ou une autre et vous tend humblement la main. Sachez que c'est ici votre place, et vous y avez de quoi vous occupez suffisamment pour Dieu, en rapport avec vos dons et vos talents. Je vous en supplie au nom de Christ : N'abandonnez pas votre assemblée (*cf.* Hé 10.25).

Mesdames et messieurs,

Je dis bravo à vous JACTAM[5], Messagers du Salut (MS), FCACTAM[6], École du dimanche, Trompette du Seigneur, RESED[7], vous qui opérez en tant que différentes corporations au sein de notre congrégation, car vous avez fait le bon choix que celui de prendre une part active à la vie de l'église et à son développement. Le Seigneur veut compter davantage sur vous pour accomplir ses desseins et pour manifester sa puissance. En revanche, vous êtes tenus d'apprendre à le connaître chaque jour un peu plus, à aimer sa Parole, à le craindre et à vivre dans *la sanctification sans laquelle personne ne verra le Seigneur* (Hé 12.14). Car l'amitié de Dieu est pour vous qui l'aimez. *Si vous m'aimez, vous garderez mes commandements*, dit Jésus (Jn 14.15). *Si vous savez cela, vous êtes heureux, pourvu que vous le mettiez en pratique* (Jn 13.17). Et comme pour planter le décor, les chantres de la FCACTAM, des MS et de la Trompette qui ne sont pas encore passés par les eaux de baptême, ont jusqu'en fin 2013 pour le faire, au risque d'être transférés à la pépinière.

Je fais un hommage appuyé aux braves et laborieuses femmes : vous êtes incontournables. Vous êtes d'un apport considérable et d'un soutien

---

[5] Jeunesse des Assemblées Chrétiennes au Tchad, Avenue Mobutu.
[6] Femmes de Charité des Assemblées Chrétiennes au Tchad, Avenue Mobutu.
[7] Réseau des Enfants des Serviteurs de Dieu.

indéfectible à la vie de cette église. Vous pesez lourdement dans la balance au sein de l'ACAM en tant que force de frappe et immense potentiel. Dieu voit tout cela.

> (…) *Vous avez appris de nous comment vous devez marcher et plaire à Dieu, d'ailleurs vous le faites. Eh bien ! progressez encore… Pour ce qui est de l'amour fraternel, vous n'avez pas besoin qu'on vous en écrive, car vous êtes vous-même instruit(e)s par Dieu en vue de l'amour réciproque ; c'est aussi ce que vous faites envers tous… Mais nous vous exhortons… à progresser encore* (1 Th 4.1, 9-10).

J'apprécie à sa juste valeur le dévouement sans mesures des jeunes : vous êtes le fer de lance de l'ACAM et son cheval de bataille. À cet effet, *soyez fermes, inébranlables, progressez toujours dans l'œuvre du Seigneur, sachant que votre travail n'est pas vain dans le Seigneur* (1 Co 15.58). Vous êtes aussi et surtout la voix prophétique de cette église. *Et si la trompette rend un son incertain, qui se préparera au combat ?* (1 Co 14.8). Ayez des visions et nourrissez-vous de saines ambitions pour le Seigneur, car l'avenir de l'ACAM en dépend. Dieu fasse que personne ne méprise votre jeunesse ; mais soyez des modèles *pour les fidèles, en parole, en conduite, en amour, en foi, en pureté… Appliquez-vous à la lecture, à l'exhortation, à l'enseignement* (1 Tm 4.12-13).

Je fais comme un clin d'œil au département de cérémonies que pilote à succès papa Djimasbé Guéry, et à toute son équipe qui l'a accompagné de bout en bout dans les préparatifs et l'organisation de ce culte de consécration. Ils ont pratiquement travaillé sans relâche et n'ont ménagé aucun effort pour y arriver. Je leur tire mon chapeau pour avoir su gagner un tel pari. Que le Seigneur les restaure et les élève en retour !

Mesdames et messieurs,

Je remarque que le pasteur Alexis Ngarndigna Ngaro Dog introduit presque toujours ses prières à Dieu par ces mots du Seigneur Jésus : … *Que ton nom soit sanctifié ; Que ton règne vienne !* (Lc 11.2). Comme d'une source d'inspiration, je place le reste de l'année 2013 sous le thème : *Que ton nom soit sanctifié.* Par anticipation, je place l'année 2014 sous le signe de l'établissement et du développement du règne de Dieu dans des cœurs et dans des vies ; et donc avec pour thème : *Que ton règne vienne.*

Enfin, je fais un rêve ! Je rêve d'une Assemblée Chrétienne, Avenue Mobutu (ACAM) qui se réconcilie avec son histoire, et qui renoue avec son image d'église refuge où les uns et les autres y ont leur place, y trouvent leur compte et se sentent chez eux : *une maison de prière pour toutes les nations* (Mc 11.17), une communauté de disciples transformés par l'Évangile.

Et comme un rêve en appelle un autre, je rêve d'une Assemblée Chrétienne, Avenue Mobutu (ACAM) qui élargisse l'espace de sa tente, déploie les toiles de sa demeure sans les ménager, allonge ses cordages, affermisse ses piquets, se répande à droite et à gauche... (*cf.* Es 54.2-3), pour devenir une Assemblée Chrétienne Alliance Missionnaire (ACAM). Dieu fasse qu'il en soit ainsi !

Que Dieu se souvienne de l'ACAM ! Que Dieu bénisse le Tchad ! Je vous remercie pour votre attention.

N'Djamena, le 28 avril 2013
Ancien Barka Kamnadj
Avec crainte et tremblement